Ostpreußen

Die besten Rezepte

Weltbild

Inhalt

Vorwort

Als Ostpreußen von der Landkarte verschwand, gerieten auch viele regionaltypische Spezialitäten in Vergessenheit. Unzählige Familienerinnerungen und alte Familienrezepte aber haben überlebt. In diesem Kochbuch finden Sie eine Vielzahl ostpreußischer Rezepte, die zum Teil an die moderne Zeit und unsere heutigen Zutaten angepasst wurden. Die Küchenwelt des historischen Ostpreußens wird auf diesen Seiten wieder erlebbar. Auch wer Ostpreußen nur aus Erzählungen kennt, kann beim Kochen in den typischen Düften der Speisen schwelgen und dem Geschmack nachspüren.

Heute gehört ein Teil Ostpreußens zu Polen, der Königsberger Teil wurde der damaligen Sowjetunion zugesprochen. Aus Königsberg wurde Kaliningrad. Ob die einstigen ostpreußischen Küchentraditionen dort noch gepflegt werden, kann man nur vermuten. Dieses Buch regt dazu an, Spezialitäten wie Kartoffelkeilchen mit Spirkel, die weltberühmten Königsberger Klopse (von denen es unzählige Variationen gibt) sowie die feinen Desserts und köstlichen Backwaren Ostpreußens auszuprobieren.

Gehen Sie auf eine kulinarische Reise durch Ostpreußen und entdecken Sie die Angebote von Landwirtschaft und Meer, aus denen die leckeren traditionellen Gerichte entstehen. In den Küchen der Region wurde früher viel mit Schmalz, Speck und Schmand gekocht. Manches können Sie ersetzen – wie beispielsweise Schmand durch saure Sahne –, wenn Sie kalorienbewusst kochen möchten. Doch um den typischen Geschmack der Gerichte nachzuempfinden, lohnt es sich, aus dem Vollen zu schöpfen und vielleicht am nächsten Tag das Kalorienplus wieder auszugleichen. Nun wünschen wir Ihnen viel Freude beim Entdecken und guten Appetit!

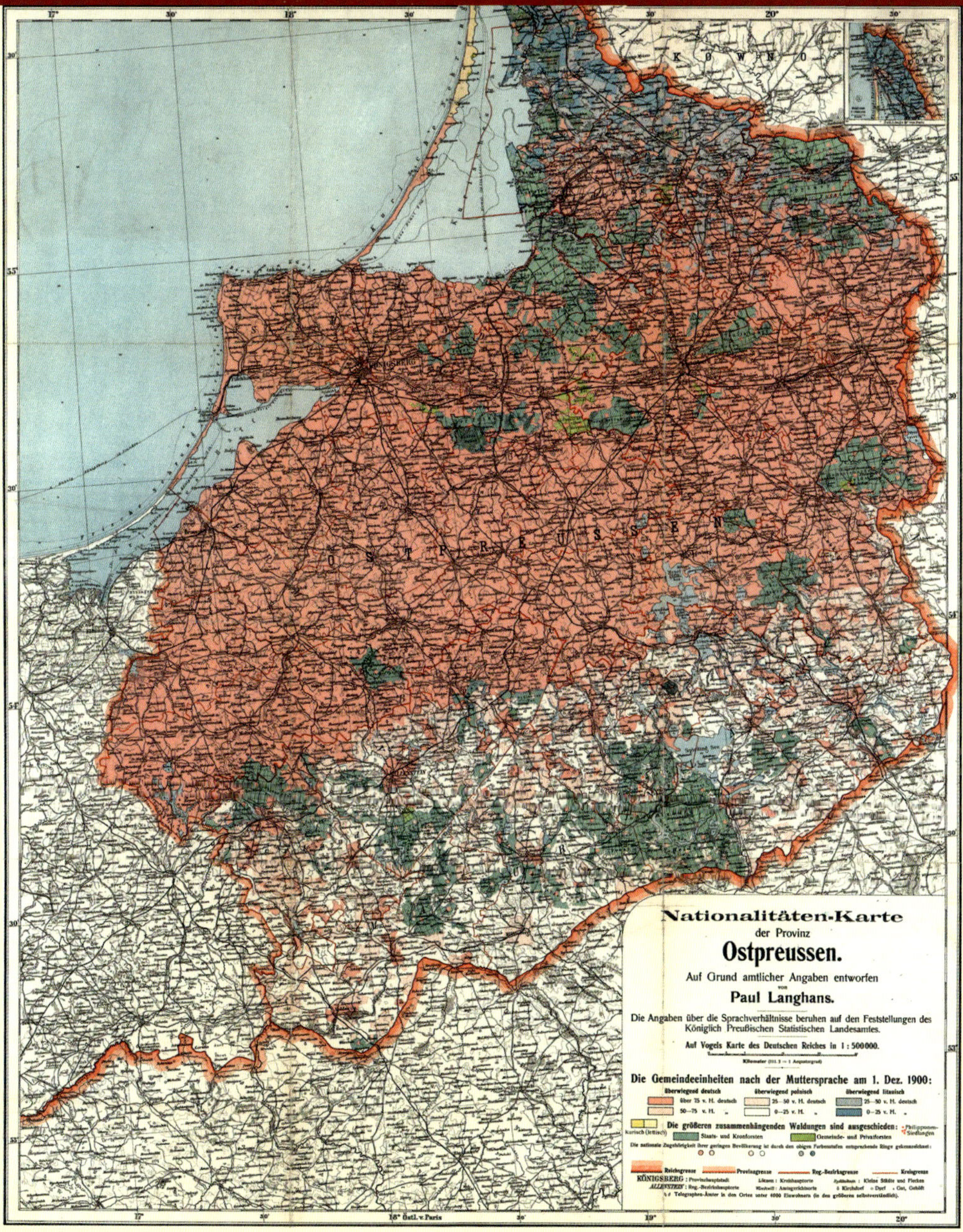
Nationalitäten-Karte
der Provinz
Ostpreussen.
Auf Grund amtlicher Angaben entworfen
von
Paul Langhans.
Die Angaben über die Sprachverhältnisse beruhen auf den Feststellungen des Königlich Preußischen Statistischen Landesamtes.
Auf Vogels Karte des Deutschen Reiches in 1 : 500000.
Die Gemeindeeinheiten nach der Muttersprache am 1. Dez. 1900:
überwiegend deutsch
über 75 v. H. deutsch
50—75 v. H. „
überwiegend polnisch
25—50 v. H. deutsch
0—25 v. H. „
überwiegend litauisch
25—50 v. H. deutsch
0—25 v. H. „
Kurisch (lettisch)
Die größeren zusammenhängenden Waldungen sind ausgeschieden:
Staats- und Kronforsten
Gemeinde- und Privatforsten
Philipponen-Siedlungen
Reichsgrenze
Provinzgrenze
Reg.-Bezirksgrenze
Kreisgrenze
KÖNIGSBERG : Provinzhauptstadt
OSTPREUSSEN

Ein kleiner Ausflug in die Geschichte

Bis heute ist Ostpreußen eng mit der deutschen Kultur verbunden, war es doch über Jahrhunderte hinweg ein bedeutender Teil Deutschlands. Im 19. Jahrhundert war Ostpreußen mit seinen fruchtbaren Böden die Kornkammer Deutschlands. Hier herrschten adlige Gutsbesitzer wie die Fürsten zu Dohna, die Grafen Finckenstein, die Grafen Dönhoff, die von Kuenheims und von Kalcksteins. Auf den großen Ländereien wurden Getreide und Kartoffeln angebaut und es wurde oft auch Pferdezucht betrieben. Schließlich waren Pferde in der Landwirtschaft vor dem Zweiten Weltkrieg noch unentbehrlich. König Friedrich Wilhelm I. gründete 1731 das Hauptgestüt Trakehnen. Dieses wurde im Oktober 1944 evakuiert, nur 27 Stuten wurden aus den Stallungen gerettet. Heute setzt sich der Trakehner Verband für die Trakehner Zucht ein. Doch nicht nur Pferde sind in den Erinnerungen der heute noch lebenden Ostpreußen lebendig. In ihren Erzählungen sieht man es vor sich: die abwechslungsreiche Landschaft mit saftig grünen Wiesen, hellen Roggen- und Weizenfeldern, ausgedehnten Wäldern und fischreichen Binnenseen. Und, nicht zu vergessen, die endlose Weite der Region. An der bernsteinfarbenen Küste waren preußische Städte wie Danzig und Königsberg beheimatet, eine bedeutende Rolle spielte der Fischereihafen. Landwirtschaft, Viehzucht und Fischerei boten also die besten Voraussetzungen für einen reich gedeckten Tisch. Vorwiegend verwendet wurden die Produkte aus der Heimat, denn hier konnte man aus dem Vollen schöpfen. Und das tat man gerne und vor allem gut. In den vorgestellten Rezepten können Sie sich selbst von dem unvergleichlichen Geschmack der ostpreußischen Küche überzeugen.

Die wechselvolle Geschichte Ostpreußens lässt sich in diesem Buch nur unvollständig darstellen. Ende des 18. Jahrhunderts bildete die Provinz Ostpreußen den östlichsten Teil des Königreichs Preußens. 1795 übernahm Preußen große Teile Polens. Die neuen Gebiete hießen Westpreußen, Neuostpreußen und Südpreußen. 1807 marschierte Napoleon in die Region ein und Preußen musste fast die Hälfte seines Territoriums wieder abtreten. Einzig Ostpreußen blieb davon unberührt. 1813 wurde in der Völkerschlacht von Leipzig Napoleon von Preußen, Russland, Schweden und Österreich gemeinsam besiegt, was das Ende der napoleonischen Vorherrschaft über Deutschland bedeutete.

58 Jahre später, 1871, wurde Preußen gemeinsam mit den anderen deutschen Provinzen und Herzogtümern zum Deutschen Kaiserreich vereint. Preußens König Wilhelm I. wurde zum Deutschen Kaiser ausgerufen. Am 21. März trat erstmals das Parlament des Deutschen Reiches zusammen – Wilhelm I. ernannte Bismarck zum Reichskanzler. Nach dem Ersten Weltkrieg musste Deutschland Gebiete abtreten, darunter fast die gesamten Provinzen Posen und Westpreußen, aus denen die beiden polnischen Woiwodschaften Posen und Pommerellen entstanden. Ostpreußen war jetzt geografisch vom Deutschen Reich getrennt. Nach dem Zweiten Weltkrieg wurde das Deutsche Reich aufgelöst. Die Provinzen Hinterpommern, Westpreußen, Teile Ostpreußens, Neumark und Schlesien gehörten von da an zu Polen. Im August 1945 unterstellte das Potsdamer Abkommen den nördlichen Teil Ostpreußens der damaligen Sowjetunion. Den südlichen Teil verwaltete die Volksrepublik Polen. Die deutschen Bewohner mussten daraufhin diese Gebiete verlassen. Menschen aus Russland, Polen und der Ukraine wurden stattdessen in diesen Gebieten neu angesiedelt. Am 12. September 1990 unterzeichneten die Außenminister der Siegermächte des Zweiten Weltkriegs – USA, Großbritannien, Frankreich und die Sowjetunion –, der DDR und der Bundesrepublik Deutschland in Moskau den „Zwei-plus-Vier-Vertrag". Er besiegelte die endgültige Abtretung der deutschen Ostgebiete. Heute ist Ostpreußen dreigeteilt. Der nördliche Teil, das Memelland, gehört zu Litauen, der südliche Teil zu Polen und Königsberg (Kaliningrad) gehört zu Russland.

Köstliches aus Backform und Pfanne

Die ostpreußische Küche hat, wie die meisten der Regionalküchen, viele Wurzeln. Eng ist die kulinarische Verbindung zu Pommern und Mecklenburg, auch Westpreußen und das Baltikum haben ihre Spuren hinterlassen. Unverzichtbarer Bestandteil in den Küchen des östlichen Europas ist Schmand. Diese besonders fette Sahne, auf keinen Fall vergleichbar mit magerem saurem Joghurt, wurde in vielen Rezepten verwendet. Sie reicherte Bratensoßen an und machte Gurke und Salat schmackhafter. Wer Kalorien sparen möchte, kann Schmand durch saure Sahne ersetzen, allerdings geht dabei der ursprüngliche Geschmack etwas verloren.

Charakteristisch waren auch Ostpreußens Gewürzvorlieben: Majoran und Dill wurden reichlich und gerne verwendet. Und auch beim Verwerten der Schlachttiere machten die Ostpreußen vor, was heute wieder propagiert wird: nahezu alles zu verwenden und zu schmackhaften Gerichten zu verarbeiten. Das zeigte sich beim Geflügel, aber auch beim Schwein. Innereien wurden zu sauren Nierchen, Lungenhaschee und Ragout verarbeitet, die Leber mit Zwiebeln und Apfelscheiben gebraten. Ohren und Schwänzchen gaben dem Sauerkohl mehr Geschmack, und aus den Schweinepfötchen wurde eine köstliche Sülze gezaubert. Und Schweinebäckchen – geschmort oder geräuchert – waren eine echte Delikatesse.

Neben fettreichen Fleischgerichten durften auch Fische nicht fehlen. Sowohl Süß- als auch Salzwasserfische kamen auf den Tisch und bereicherten den ostpreußischen Speisezettel. Für die Resteverwertung von Fleisch und Fisch eignet sich die Schusterpastete besonders gut. Der Auflauf aus Braten- und Heringsresten, Schmorkohl, Schmand und Zwiebeln ist ein vollwertiges, sättigendes Gericht und wird im Backofen zubereitet. Und egal, ob Fisch oder Fleisch, eines durfte auf keinen Fall fehlen: die Soße. Meist mit Schmand angereichert und in jedem Fall reichlich. Neben Schmand war auch Glumse ein fester Grundpfeiler der ostpreußischen Küche. Glumse – Quark – wurde verarbeitet zu Glumskeilchen, Glumskuchen und Schaltenoßes.

Eine weitere süße Spezialität und bis heute berühmt ist das Königsberger Marzipan. Die Hauptzutaten für die süße Leckerei – Mandeln, Honig und Rosenwasser – stammen aus dem Orient. Dort wurde es Ende des ersten Jahrtausends erstmals genossen, so die Überlieferung. Denn die Geschichte des Marzipans ist nicht eindeutig nachzuvollziehen. Gleich drei berühmte Städte – Königsberg, Toledo und Lübeck – nehmen für sich in Anspruch, das echte Marzipan erfunden zu haben. Anfang des 19. Jahrhunderts jedenfalls gelangte es nach Königsberg. Hier gründete Wilhelm Pomatti 1809 die erste Marzipanfabrik der Stadt und eröffnete im alten Posthaus beim Schloss am Altstädtischen Markt eine Konditorei. Die Lage war deshalb so bedeutsam, weil der Platz zum einen stark frequentiert war und zum anderen die herrschaftlichen Gäste des Schlosses vom süßen Duft angelockt wurden. Gleich neben dem Geschäft führte eine Tür in der Schlossmauer direkt in den Schlosshof. Und so kamen die herrlichen Leckereien des Hauses Pomatti direkt aus der Backstube auf den königlichen Tisch. Es dauerte nicht lange, und schon bald konnte sich die Konditorei mit dem Titel „Hofkonditorei“ schmücken. Das Echte Königsberger Marzipan wird übrigens aus aromatischen Mandeln, Rosenwasser und etwas Zucker hergestellt, liebevoll zu Figuren geformt und auf seiner Oberfläche zartknusprig geflämmt. Letzteres sorgt für die typische Geschmacksnote.

Beliebt wie eh und je – Schucken

Schucken, wie in Ostpreußen die Kartoffeln genannt wurden, gehörten praktisch fast zu jeder Mahlzeit. Es gab Eintopfgerichte, Fleisch und Fisch, und dazu immer Kartoffeln. Häufig wurden Kartoffelpuffer (Flinsen) aufgetischt, gerne mit Äpfeln, Kirschen oder Heidelbeeren, je nachdem, welches Obst gerade reif war. War Pilzzeit, ging es in den Wald und es wurde ein Körbchen Pilze gesammelt. Diese wurden dann mit Speck gebraten, und dazu gab es Salzkartoffeln. War noch ein Rest Soße übrig, wurde noch eine Kartoffel hineingetunkt und mit Wonne genossen. Am besten schmeckten den Ostpreußen die mehligen Sorten. Außerdem ließen sich aus ihnen die leckeren Keilchen zubereiten, die oft und gerne auf den Tisch kamen.

Für die Kartoffelgerichte wurden – wenn vorhanden – die selbst angebauten Kartoffeln verwendet. Diese durften keinesfalls mit künstlichem Dünger gedüngt werden, sondern erhielten den guten frischen Viehdung. Und auch für die Schweine wurden Kartoffeln als Futter angepflanzt. Die Schweinekartoffeln wurden täglich in einem riesigen Dampfkessel gedämpft, heiß aus dem Kessel geholt und mit einem Stampfer grob zerkleinert. Dann wurde noch Kleie darunter gemischt,und fertig war das Schweinefutter. Nach der Kartoffelernte wurde ein Großteil der Knollen eingemietet. So blieben die Kartoffeln vor der Winterkälte geschützt und es war immer ausreichend Vorrat bis zur nächsten Ernte vorhanden.

Fleischklöße in pikanter Kapernsoße

Benannt sind die Königsberger Klopse nach der ehemaligen Provinzhauptstadt Königsberg, heute das russische Kaliningrad. Wie das Traditionsgericht richtig zubereitet wird, darüber wurde und wird auch heute noch gestritten. Wer noch im Besitz eines alten ostpreußischen Familienrezepts ist, darf sich glücklich schätzen, denn diese Schätze wurden von Generation zu Generation weitergegeben. Doch auch im alten Ostpreußen gab es nicht DAS Rezept für Königsberger Klopse, vielmehr hatte jede Familie ihre eigenen „Geheimzutaten“.

Der „saure Klops“, wie er in Ostpreußen genannt wurde, kam übrigens nur an Sonn- und Feiertagen auf den Tisch. Schließlich war er etwas Besonderes und das wurde entsprechend gewürdigt. Bekannt wurden die Klopse wohl auch durch Immanuel Kant, der an der Königsberger Universität lehrte und seinen Gästen die leckeren Hackfleischbällchen öfter servierte. Doch der kulinarische Durchbruch und vor allem der Bekanntheitsgrad weit über die Grenzen hinaus, war den Mamsellen zu verdanken, die sich als Küchenhilfen in den großen Städten wie Berlin oder München verdingten. Sie brachten die heimatlichen Rezepte mit und so wurden die Spezialitäten in vielen Gasthäusern außerhalb Königsbergs serviert.

Ob nun Salzheringe oder Sardellen in die Klopse gehören, ist nicht nur eine Geschmackssache, sondern war früher vor allem eine Frage des Preises. Salzheringe wurden vor allem in der einfachen Küche verwendet, während in herrschaftlichen Haushalten Sardellen bevorzugt wurden. Und auch beim Fleisch gibt es geteilte Meinungen. Traditionell wurde Kalbfleisch verwendet, ersatzweise Kalb- und Schweinefleisch gemischt. Klassische Beilagen – und da sind sich wieder alle einig – sind Rote Bete, Kartoffelpüree oder Salzkartoffeln.

Kräuter und Gewürze in der ostpreußischen Küche

Sie sind das i-Tüpfelchen der Heimatküche. Noch heute wecken die Gerüche von Dill oder Kardamom Kindheitserinnerungen und daran verknüpfte Emotionen. Doch welche Gewürze sind denn in der Küche Ostpreußens vorherrschend? Zum einen wäre das der Majoran, auch „Meiran“ genannt. Auch in anderen Regionen wird er gerne verwendet, doch viele der ostpreußischen Spezialitäten kommen nicht ohne das duftende

Kraut aus. Denken Sie nur an die würzige ostpreußische Leberwurst, die ohne Majoran nichts Halbes und nichts Ganzes wäre. Auch bei Beetenbartsch, Erbsensuppe, Fleck und Gänsebraten gehört unbedingt Majoran hinein. Ebenso gerne verwendet wird Dill. Er gehört an Salate udn Butterfische und auch die Schmandkartoffeln werden durch Zugabe von Dill noch aromatischer. Beim Kuchenbacken dürfen ebenso gewisse Gewürze nicht fehlen. Dazu gehören Kardamom, Zimt und Anis. Auch Kümmel wird reichlich verwendet. Er passt zu Kartoffeln, Brot, Fleisch und Gemüse. Zwar ist er nicht jedermanns Geschmack, aber aus der ostpreußischen Küche ist er nicht wegzudenken.

Nimm noch e' Schlubberche

Das „Schlubberche" zum Nachspülen war ebenfalls fester Bestandteil ostpreußischer Tradition. Denn wo so gut, schwer und reichlich gegessen wurde, durfte das anschließende Verdauungsschnäpschen nicht fehlen. Die ostpreußische Küche war nicht gerade kalorienarm und es dominierte fettreiche Kost mit Schmalz, Schmand und Speck. So ist es nur zu verständlich, dass man auf Liköre, Schnäpse und Brände zur Verdauung setzte. Die Damen bevorzugten eher ein Likörchen wie Danziger Goldwasser, die Herren griffen zu Bärenfang, auch Meschkinnes genannt. Ein Getränk aus Honig und fast reinem Alkohol, das, wenn man es mit dem Genuss übertrieb, seine nachhaltige Wirkung zeigte. In der kalten Jahreszeit durfte es auch mal ein Eiergrog sein. Viele stärkten sich mit diesem Getränk, von dem es hieß: Rum muss, Zucker kann, Wasser braucht nicht. Es bestand aus einem normalen Grog, der mit Milch und mehreren Eigelb pro Glas verfeinert wurde.

In allen Lebenslagen trinkbar aber war der klare Schnaps. Er war Seelenwärmer, Verdauungsförderer und Tröster und wurde nach erfolgreichen Geschäften, bei Feiern und Festen gerne getrunken. Mal weniger, meist mehr. Und um den Lieblingstrank zu verfeinern, waren die Ostpreußen sehr einfallsreich. So gab es neben dem einfachen Klaren auch den Weißen mit Schlagbaum (Korn mit Würstchen) oder Memelwasser mit Grundeis (Schnaps mit Würfelzucker und Kaffee). Der Pillkaller Machandel, kurz Pillkaller, ist ein Doppelter, Korn oder Aquavit, serviert mit einer Scheibe würziger Leberwurst und einem Klecks Mostrich darauf. Genossen wurde er meist in geselliger Runde. Zum bekannten Königsberger Fleck wurde ebenfalls immer ein Schnaps serviert.

Von Gästen und Gastfreundschaft

Ostpreußische Gastfreundschaft und ostpreußische Spezialitäten gehörten untrennbar zusammen. Auch wenn wenig vorhanden war und Gäste kamen, es wurde zusammengelegt und alles aufgetischt, was Hof und Keller zu bieten hatten. Auch wer unverhofft hereinschneite, konnte sicher sein, nicht hungrig nach Hause gehen zu müssen. Und natürlich wurde Gästen immer noch ein „Schmeckerchen" mit auf den Weg gegeben. Ein Zipfelchen Wurst, wobei das „Zipfelchen" eher ein pfundiges Stück war oder ein großes Stück vom frisch gebackenen Kuchen. Auch wenn es knapp war, man teilte gerne und sah es als selbstverständlich an. Immer nach der Devise: „Wo väle äte, wart ook noch eener satt!" (Wo viele essen, wird auch noch einer satt!)

Die ostpreußische Gastlichkeit wurde im Alltag gelebt, aber auch bei Festen und Feierlichkeiten. Bei den Landhochzeiten ging es hoch her – nicht nur die Verwandtschaft aus Nah und Fern reiste an, auch das ganze Dorf nahm Anteil. Meist fielen die großen Feierlichkeiten in die Zeit nach der Ernte, denn eine Hochzeit wurde nicht nur einen Tag lang gefeiert, sondern zumeist eine Woche lang. Und dafür hätte während der Ernte keiner Zeit erübrigen können. So konnte man sich voller Inbrunst den Vorbereitungen widmen, denn für so viele Menschen – oft mehr als 200 – musste allerlei bedacht werden. Schon Wochen vor dem großen Fest wurde geschlachtet, gekocht,

gebraten und gebacken. Alle halfen mit. Gespart wurde an nichts, alles musste mehr als reichlich vorhanden sein. Schließlich sollte jeder mehr als satt werden, und die Brauteltern setzten ihren ganzen Ehrgeiz daran, die Gäste überreichlich zu beköstigen.

Oster, Schmackoster, fünf Eier, Stück Speck …

Das Osterfest wurde in Ostpreußen nach altem Brauch gefeiert, mit Gründonnerstagskringeln und Schmackostern. Auf das große Frühlingsfest freute sich jeder, denn der Winter war jetzt vorbei. Oft jedoch lag noch tiefer Schnee zu Ostern und der Weg zur Kirche gestaltete sich beschwerlich. Vor dem Osterfest waren allerlei Vorbereitungen zu treffen, vor allem kulinarischer Art. Am Gründonnerstag war es Brauch, Gründonnerstagskringel zu backen. Der Überlieferung nach sollten sie vor Fieber schützen. Und damit man auch vor weiteren Krankheiten verschont blieb, musste es etwas Grünes zum Mittagessen geben. Aufgetischt wurde die beliebte Sauerampfersuppe oder eine Kräutersoße – möglichst mit siebenerlei Kräutern –, die zu Fisch oder Eiern serviert wurde. Der Donnerstag vor Ostern war auch der Tag, an dem die Zimmerpflanzen umgetopft und Ableger eingepflanzt wurden. Am nächsten Tag, dem Karfreitag, ruhte hingegen die Arbeit. Früher wurde bis Sonnenuntergang gefastet, in jedem Fall aber kam mittags kein Fleisch auf den Tisch. Umso mehr freute man sich auf die Osterfeiertage mit reich gedecktem Tisch.

Der Ostermorgen begann mit einem alten Brauch – dem Osterwasserholen. Noch vor Sonnenaufgang trafen sich die jungen Frauen und Mädchen und zogen zum nächsten fließenden Gewässer. Dem Brauch zufolge durfte dabei kein Wort gesprochen werden, sonst würde der Zauber nicht wirken. Denn er versprach: Wer sich in dem klaren Wasser wusch, bekam Schönheit für ein ganzes Jahr geschenkt. Auch bei Liebeskummer sollte der Zauber helfen. Hierzu wurden ein paar Tropfen von dem Wasser in die Herzgegend gesprengt und schon war aller Kummer vergessen. Wichtig war aber, dass das Wasser floss, ein ruhender See galt nicht. Und so spazierten Jahr für Jahr zahlreiche Mädchen zu dem „Wunderwasser". Traf man auf dem Hin- oder Rückweg Freundinnen, durfte man diese keinesfalls ansprechen, auch Lachen und Zurückschauen waren nicht erlaubt. Das würde den Zauber sofort brechen. In einem mitgebrachten Milchkännchen wurde noch etwas von dem Osterwasser geschöpft und dann machte man sich sofort auf den Rückweg. Denn vor Sonnenaufgang musste man unbedingt zurück sein. Mit dem Osterwasser wurden dann die Alten und Kranken gewaschen. Das sollte zur Kräftigung und Genesung beitragen.

Ein weiterer Brauch war das Schmackostern. Meist wurde am Morgen des

zweiten Ostertages geschmackostert, manchmal auch bereits am ersten Feiertag. Ganz leise schlichen die Frühaufsteher an die Betten der Langschläfer, hoben die Decke an und schlugen mit Birkenreisig auf die so unsanft Geweckten ein. Dazu riefen sie: „Schmackoster, Schmackoster, fief Eier, Stöck Speck, on noch e Stöck Floade, ehr goah eck nich weg!". Die fröhlichen Sprüche variierten von Ort zu Ort und wurden auch von den Burschen gerufen, wenn sie die jungen Mädchen am Ostermontag zum Schmackostern aufsuchten. Auch hierbei gab es leichte „Schläge" auf Arme und Beine mit geflochtenen Birken- und Weidenruten. Das sollte die Tüchtigkeit erhalten und die Fruchtbarkeit fördern. Und natürlich gehörten auch die bunt gefärbten Eier zum Osterfest. Zum Färben nahm man Zwiebelschalen, Baumrinde, Kaffeesatz und Zichorienpapier. Die Verzierungen waren häufig aufwendig und wurden mit spitzen Nadeln eingeritzt. Hier hatte jede Familie ihre eigenen Traditionen

Weihnachten in Ostpreußen

Der erste Schnee fiel in Ostpreußen oft schon Mitte November, und dann war die Zeit für deftige Eintöpfe und herzhafte Gerichte gekommen. Um das Weihnachtsfest vorzubereiten, wurde ein Schwein geschlachtet und Blutwurst, Mettwurst und Grützwurst wurden zubereitet. Und natürlich wurde auch gebacken. Die traditionellen Anisplätzchen und der beliebte Mohnstriezel durften zu Weihnachten natürlich nicht fehlen. Auch hier gab es vielerlei Rezepte, die auf alten Familienüberlieferungen beruhten. Und einige davon sind auf den nächsten Seiten für Sie zusammengestellt. Viel Freude beim Ausprobieren und Genießen!

Königsberg früher und heute

Königsberg war die Hauptstadt Ostpreußens und dessen wirtschaftliches und kulturelles Zentrum. Viele Künstler, Schriftsteller und Denker waren mit der Königlichen Haupt- und Residenzstadt verbunden, darunter Deutschlands einflussreichster Philosoph Immanuel Kant (1724–1804). Seit 1946 heißt Königsberg Kaliningrad und ist die Hauptstadt der gleichnamigen russischen Exklave.

Königsberg i. Pr.
Hafen (Hundegatt) und Speicherviertel (Lastadie)

Suppen und Salate

Rote-Bete-Cremesuppe

Zubereitungszeit ca. 30 Min.

Zutaten für 4 Portionen
375 g Rote Bete, einige Zweige Thymian, einige Zweige Majoran, 250 ml Fleischbrühe, Salz, frisch gemahlener Pfeffer, 2 EL Essig, 100 g Schafskäse nach Belieben

1. Rote Bete putzen, schälen und klein würfeln. Thymian und Majoran waschen, trocken schütteln und klein zupfen. Fleischbrühe in einem Topf aufkochen und Rote Bete sowie einen Teil des Thymians und den Majoran zugeben. Bei mittlerer Hitze Rote Bete gar kochen lassen.
2. Suppe mit einem Stabmixer pürieren und mit Salz, Pfeffer und Essig abschmecken. Rote-Bete-Cremesuppe nochmals kurz erhitzen und in Suppenschalen füllen. Mit restlichem Thymian und nach Belieben mit gewürfeltem Schafskäse garnieren und servieren.

Die Rote-Bete-Suppe wurde in Ostpreußen auch Beetenbartsch genannt. Das Wort „Bartsch" leitet sich hier vom osteuropäischen und russischen Wort „Borschtsch" ab. Dessen Ursprung kommt vom slawischen Wort für Bärenklau, einem Kraut, das nach alter Tradition oft in Rote-Bete-Suppe zu finden war.

Pro Portion: **ca. 110 kcal • 7 g EW • 5 g F • 8 g KH**

Klunkermus
(Milchsuppe)

Zubereitungszeit ca. 20 Min.

Zutaten für 4 Portionen
1 l Milch, Salz,
1 Ei, 4 EL Mehl,
etwas Zucker,
1 EL Butter

1. Milch in einen Topf geben, etwas Salz zufügen und zum Kochen bringen. Ei in eine Schüssel geben und mit Mehl verrühren. Teelöffelweise etwas Wasser in die Masse tropfen lassen, sodass sich kleine Klümpchen (Klunker) bilden.
2. Klunker in die heiße Milch geben und bei geringer Hitze unter Rühren ca. 5–10 Minuten garen. Klunkermus mit Salz und Zucker abschmecken und Butter unterrühren. In Suppenschalen füllen und servieren.

Vieh- und Milchwirtschaft hatte in Ostpreußen eine lange Tradition und wurde besonders ab Mitte des 19. Jahrhunderts stark betrieben. Gerichte mit Milch und Milchprodukten waren deshalb in der ostpreußischen Küche weit verbreitet.

Pro Portion: ca. 275 kcal • 11 g EW • 14 g F • 24 g KH

Memelländer Sauerampfersuppe

Zubereitungszeit ca. 30 Min.

Zutaten für 4 Portionen
500 g Sauerampfer,
2 Würfel Gemüsebrühe,
Salz, etwas Mehl,
375 g saure Sahne,
3 EL Butter, 2 Eigelb,
1 Prise Zucker,
frisch gemahlener Pfeffer

1. Sauerampfer verlesen, putzen und waschen. In einen Topf mit kochendem Wasser geben und ca. 15 Minuten köcheln. Mit einem Stabmixer pürieren und Gemüsebrühe zugeben. Verrühren und mit Salz abschmecken. Nochmals aufkochen lassen.
2. Sauerampfersuppe mit Mehl und Sahne binden und Butter unterrühren. Topf vom Herd nehmen. Eigelbe in einer Schüssel verschlagen und unterrühren. Suppe mit 1 Prise Zucker und Pfeffer abschmecken, in Suppenschalen füllen und nach Belieben mit geröstetem Baguette servieren.

Pro Portion: **ca. 278 kcal • 8 g EW • 22 g F • 10 g KH**

Königsberger Fleck

Zubereitungszeit ca. 4 Std.

Zutaten für 4–5 Portionen
1 kg küchenfertiger roher Pansen (Rindermagen), 500 g Markknochen, Salz, 3 Sellerieknollen, 2 Zwiebeln, 1 Petersilienwurzel, 1 Möhre, 10 Pfefferkörner, 5 Pimentkörner, 1 Lorbeerblatt, etwas Majoran, einige Petersilienblättchen zum Garnieren, frisch gemahlener Pfeffer, etwas Essig, etwas Senf

1. Rindermagen waschen und in kleinere Stücke schneiden. In einen Topf geben, Markknochen zufügen und alles mit Wasser bedecken. Etwas Salz zugeben. Bei geringer Hitze ca. 3 ½ Stunden köcheln lassen.
2. Gemüse putzen, schälen, waschen und klein würfeln. In den Topf geben, Pfeffer-, Gewürzkörner und Lorbeerblatt zugeben und weitere ca. 30 Minuten köcheln lassen. Rindermagen herausnehmen und in kleine Würfel schneiden. Wieder in die Suppe geben und Majoran zufügen.
3. Königsberger Fleck mit Petersilie bestreut in einer Terrine heiß servieren. Die Suppe würzt sich jeder am Tisch selbst. Dazu Salz, Pfeffer, Majoran, Essig und Senf bereitstellen.

Pro Portion: **ca. 300 kcal • 40 g EW • 10 g F • 7 g KH**

Kurisches und Frisches Haff

Durch einen schmalen Sandstreifen von der Ostsee abgetrennt, befinden sich westlich und nordöstlich von Königsberg (Kaliningrad) das Frische und das Kurische Haff. Mehrere Flüsse münden in diese Lagunen, weshalb ihr Salzwassergehalt äußerst gering ist. Wirtschaftlich bedeutend waren sie vor allem für die Fischerei und den Bernsteinabbau.

Deftige Linsensuppe

Zubereitungszeit ca. 1 Std. + ca. 12 Std. Einweichzeit

Zutaten für 4 Portionen

250 g braune Linsen, 5 mittelgroße mehligkochende Kartoffeln, 5 Möhren, 1 Stange Lauch, 1 kleine Sellerieknolle, 500 g Suppenfleisch (Rinderbrust), 1 große Beinscheibe, 6 Pfefferkörner, 6 Pimentkörner, Salz, frisch gemahlener Pfeffer, 3 EL Rotweinessig, 1 Prise Zucker, einige Petersilienblättchen zum Garnieren

1. Linsen in Schüssel mit 1 ½ Liter Wasser geben und ca. 12 Stunden einweichen. Über einem Sieb abtropfen lassen. Kartoffeln, Möhren, Lauch und Sellerie putzen bzw. schälen, waschen und klein würfeln. Suppenfleisch und Beinscheibe gründlich mit kaltem Wasser waschen und trocken tupfen.
2. Linsen und Kartoffeln in einen Schnellkochtopf geben und 1 ½ Liter Wasser zugießen. Suppenfleisch und Beinscheibe in den Siebeinsatz legen, Pfeffer- und Pimentkörner zufügen und Gemüsewürfel obenauf legen. Ca. 30 Minuten kochen.
3. Suppenfleisch herausnehmen und in mundgerechte Stücke schneiden. Linsensuppe mit Salz, Pfeffer, Essig und Zucker abschmecken. Fleisch zugeben und alles weitere ca. 10 Minuten erhitzen. In Suppenteller füllen und mit Petersilie garniert servieren.

Pro Portion: **ca. 557 kcal • 53 g EW • 20 g F • 34 g KH**

Süße Brotsuppe

Zubereitungszeit ca. 30 Min.

Zutaten für 4 Portionen

2 EL Sultaninen, 150 g altbackenes Vollkornbrot, 1 Vanilleschote, etwas abgeriebene Schale von 1 unbehandelten Zitrone, etwas Zimt, 250 g Äpfel, 1 Prise Salz, etwas Zucker, 1 EL Butter

1. Sultaninen in etwas Wasser einweichen. Brot klein würfeln. In einen Topf mit 1 Liter Wasser geben und einweichen. Vanilleschote aufschneiden und Mark herauskratzen. Vanillemark, Zitronenschale und etwas Zimt zu den Brotwürfeln geben und bei geringer Hitze alles zu einem Brei köcheln lassen. Äpfel waschen, halbieren, Kerngehäuse entfernen und Fruchtfleisch klein würfeln.
2. Brotsuppe mit einem Stabmixer pürieren. Sultaninen zufügen und Suppe kurz aufkochen lassen. Apfelstücke zugeben und in der Suppe gar ziehen lassen. Mit Salz und Zucker abschmecken, Butter unterrühren und servieren.

Pro Portion: **ca. 165 kcal • 3 g EW • 5 g F • 27 g KH**

Fischsuppe im Brot

Zubereitungszeit ca. 1 Std.

Zutaten für 5 Portionen

1 l Weißwein, 1 Zwiebel, 1 Gewürznelke, 1 Lorbeerblatt, 2 Bund Suppengrün, 2 EL Salz, 1 TL Pfefferkörner, 1 kg küchenfertiger Rotbarsch, 1 TL Essig, 1 EL Butter, 3 EL Mehl, 2 Eigelb, 150 g Sahne, 150 g Garnelen (gekocht), 1 EL gehackter Dill, 1 TL Zucker, 5 kleine Brotlaibe, 1 EL gehackte Petersilie

1. Wein und 1 Liter Wasser in einen Topf geben und aufkochen. Zwiebel schälen und mit Nelke und Lorbeerblatt spicken. Suppengrün putzen bzw. schälen, waschen und klein würfeln. Gespickte Zwiebel, Suppengrün, Salz und Pfefferkörner zugeben und alles ca. 30 Minuten köcheln lassen.
2. Fisch waschen und in Stücke schneiden. Sud über einem Sieb in einen großen Topf abgießen, Essig und Fischstücke zugeben. Ca. 10 Minuten bei geringer Hitze darin garen. Fischstücke herausnehmen und mit Hilfe von 2 Gabeln in mundgerechte Stücke teilen. Gräten entfernen.
3. Butter in einem kleinen Topf schmelzen und Mehl darin unter Rühren anschwitzen. Mit etwas Fischsud ablöschen und kurz aufkochen lassen. Topf vom Herd nehmen. Eigelbe und Sahne unterrühren und unter die Fischsuppe ziehen.
4. Fischstücke, Garnelen und gehackten Dill zufügen und Fischsuppe mit Zucker abschmecken. Deckel von den Brotlaiben abschneiden, aushöhlen und Fischsuppe darin servieren. Mit gehackter Petersilie bestreuen.

Pro Portion: **ca. 867 kcal • 59 g EW • 20 g F • 74 g KH**

Steckrüben-eintopf

Zubereitungszeit ca. 2 Std. und 45 Min.

Zutaten für 6 Portionen

4 große Möhren, 1 Zwiebel, ¼ Sellerieknolle, 1 EL Butterschmalz, 500 g Suppenfleisch vom Rind (mit Knochen), 500 g Schweinebauch, 4 Lorbeerblätter, 4 Gewürznelken, 1 TL Wacholderbeeren, 1 TL Piment, 1 TL Pfefferkörner, 800 g Steckrüben, 5 große festkochende Kartoffeln, etwas Gemüsebrühe, Salz, frisch gemahlener Pfeffer, einige Petersilienblättchen zum Garnieren

1. 1 Möhre putzen, schälen und halbieren. Zwiebel schälen. Sellerie putzen, schälen und klein würfeln. Ingwer schälen und in Scheiben schneiden. Butterschmalz in einem Topf erhitzen und Fleisch darin von allen Seiten anbraten.
2. 1,5 Liter heißes Wasser zugießen. Möhre, Zwiebel und Sellerie zugeben und Lorbeerblätter, Gewürznelken, Wacholderbeeren, Piment und Pfefferkörner im Gewürzsäckchen zufügen. Alles kurz aufkochen lassen und zugedeckt bei mittlerer Hitze ca. 1 ½ Stunden leicht köcheln lassen.
3. Restliches Gemüse und Kartoffeln putzen, schälen, waschen und in gleich große Würfel schneiden. Fleisch herausnehmen und beiseitestellen. Zwiebel herausnehmen. Gemüse und Kartoffeln in die Brühe geben, bei Bedarf noch etwas Wasser zugeben. Aufkochen lassen und bei geringer Hitze ca. 20 Minuten gar köcheln lassen. Gewürzsäckchen herausnehmen.
4. Fleisch in mundgerechte Stücke schneiden. Eintopf mit Gemüsebrühe, Salz und Pfeffer abschmecken. Fleisch zugeben und nochmals erwärmen. Steckrübeneintopf mit Petersilie garniert servieren.

Pro Portion: **ca. 519 kcal • 27 g EW • 54 g F • 23 g KH**

Ostpreußische Kartoffelsuppe

Zubereitungszeit ca. 45 Min.

Zutaten für 4 Portionen

1 Bund Suppengrün, 1 Zwiebel, 750 g Kartoffeln, 1 l Gemüsebrühe, 3 Pimentkörner, Salz, 4 Wiener Würstchen, 250 g saure Sahne, frisch gemahlener Pfeffer, etwas Zucker, 1 TL Senf, 1 EL Butter, einige Petersilienblättchen zum Garnieren

1. Suppengrün putzen bzw. schälen, waschen und klein würfeln. Zwiebel schälen und fein hacken. Kartoffeln schälen, waschen und klein würfeln. Suppengrün, Zwiebel und Kartoffeln in einen Topf geben und Gemüsebrühe zugießen. Gewürzkörner und etwas Salz zufügen und alles ca. 25–30 Minuten köcheln lassen. Wiener Würstchen in einem Topf mit Wasser erwärmen.
2. Kartoffelsuppe mit einem Stabmixer pürieren und Sahne unterrühren. Suppe mit Salz, Pfeffer, Zucker und Senf abschmecken. Butter unterrühren. Würstchen in Scheiben schneiden und in die Suppe geben. Kartoffelsuppe in Suppenschalen füllen und mit Petersilie garniert servieren. Dazu schmeckt geröstetes Brot.

Pro Portion: **ca. 474 kcal • 17 g EW • 27 g F • 35 g KH**

Selleriesalat mit Mayonnaise

Zubereitungszeit ca. 45 Min.

Zutaten für 4 Portionen
500 g Sellerieknollen, Salz, 1 Orange,
2 EL Zitronensaft, etwas Zucker,
50 g Walnüsse (grob gehackt),
2 Eigelb, 1 TL Senf,
etwas Öl, 1 TL Sahne

1. Sellerie putzen und waschen. Mit Schale in Salzwasser ca. 30 Minuten bissfest garen. Sellerie herausnehmen und abkühlen lassen. Sellerie schälen, in mundgerechte Würfel schneiden und in eine Salatschüssel geben. Orange schälen, filetieren, Fruchtfleisch klein schneiden und unter den Sellerie heben.
2. Selleriesalat mit Salz, Zitronensaft und Zucker abschmecken. Walnüsse unterheben. Aus Eigelben, Salz, Senf und Öl eine Mayonnaise anrühren und mit Sahne untermischen.

Pro Portion: **ca. 223 kcal • 6 g EW • 15 g F • 10 g KH**

Fleischsalat mit Ananas und Apfel

Zubereitungszeit ca. 45 Min.

Zutaten für 4 Portionen

200 g Kalbfleisch (Bratenreste), 125 g gekochter Schinken, 200 g Senfgurke, 1 Apfel, 125 g Champignons, 1 kleine Tasse Fleischbrühe, 4 Eigelb, etwas Öl, etwas Zitronensaft, Salz, frisch gemahlener Pfeffer, etwas Zucker, 3 Scheiben Ananas, 1 Handvoll Walnusskerne (grob gehackt), 1 Kopf Blattsalat, 3 EL gehackte Petersilie

1. Fleisch, Schinken und Senfgurke in feine Streifen schneiden und in eine Schüssel geben. Apfel waschen, halbieren, Kerngehäuse entfernen und Fruchtfleisch klein würfeln. Champignons säubern, putzen und klein würfeln. Apfel und Pilze mit in die Schüssel geben und alles locker vermischen. Mit Fleischbrühe übergießen und etwas ziehen lassen.
2. Eigelbe verschlagen und Öl tropfenweise zugeben, bis sich Eigelbe und Öl zu einer glatten Masse verbunden haben. Ca. 2 Esslöffel Zitronensaft unter die Mayonnaise rühren. Salat mit Salz, Pfeffer, etwas Zitronensaft und 1 Prise Zucker abschmecken. Mayonnaise untermischen. Ananas klein schneiden und unterheben. Walnüsse unterheben.
3. Salat putzen, waschen und trocken schütteln. Salatblätter auf 4 Tellern verteilen und Fleischsalat darauf anrichten. Mit Petersilie bestreut servieren. Dazu schmeckt geröstetes Baguette.

Pro Portion: **ca. 374 kcal • 23 g EW • 24 g F • 16 g KH**

Samländer Heringssalat

Zubereitungszeit ca. 45 Min. + ca. 12 Std. Ruhezeit

Zutaten für 4 Portionen

300 g Heringsfilet, 125 g Jagdwurst, 125 g milde Salami, 2 Gewürzgurken, ¼ unbehandelte Salatgurke, 1 kleine Zwiebel, ½ Apfel, 4 Eier (hart gekocht), 3 EL Mayonnaise, 1 EL gehackte Kräuter, frisch gemahlener Pfeffer

1. Heringsfilet unter fließendem Wasser waschen, trocken tupfen und in mundgerechte Stücke schneiden. Jagdwurst und Salami klein würfeln. Gewürzgurken klein würfeln. Salatgurke waschen, trocken tupfen und klein würfeln. Zwiebel schälen und fein hacken. Apfel waschen, Kerngehäuse entfernen und Fruchtfleisch klein würfeln. Alles in eine Schüssel geben und locker vermischen.
2. Eier klein würfeln und untermischen. Mayonnaise unterheben und Heringssalat mit Kräutern und Pfeffer abschmecken. Zugedeckt im Kühlschrank mindestens 12 Stunden ziehen lassen. Mit Baguette servieren.

Der Heringssalat kann auch noch durch anders Gemüse der Saison wie Tomaten oder Paprika verfeinert werden.

Pro Portion: **ca. 540 kcal • 33 g EW • 45 g F • 5 g KH**

Ermländer Kartoffelsalat

Zubereitungszeit ca. 40 Min. + ca. 1 Std. Ruhezeit

Zutaten für 6 Portionen

1 kg Kartoffeln, 1 Zwiebel,
1 Bund Petersilie, 1 Bund Schnittlauch,
1 Bund Dill, 1 Pck. Kresse,
250 g saure Sahne oder Schmand,
3 EL Kräuteressig, Salz, 1 Prise Zucker, 1 TL Senf

1. Kartoffeln waschen, in einen Topf mit Wasser geben und gar kochen. Etwas abkühlen lassen, pellen und in Scheiben schneiden. Kartoffelscheiben in eine Schüssel geben. Petersilie waschen, trocken schütteln und Blätter fein hacken. Schnittlauch waschen, trocken schütteln und in Ringe schneiden. Dill waschen, trocken schütteln und Fähnchen fein hacken. Kresse waschen, trocken schütteln und klein schneiden. Jeweils einen Teil der Kräuter für die Garnitur beiseitelegen.
2. Saure Sahne oder Schmand mit Essig, Salz, Zucker und Senf verrühren und Kräuter unterheben. Kartoffelscheiben vorsichtig mit Sahnemarinade vermischen. Zugedeckt im Kühlschrank ca. 1 Stunde ziehen lassen. Mit restlichen Kräutern bestreut servieren.

Pro Portion: **ca. 236 kcal • 5 g EW • 10 g F • 29 g KH**

Masurischer Sauerkrautsalat

Zubereitungszeit ca. 20 Min. + ca. 30 Min. Ruhezeit

Zutaten für 4 Portionen
450 g Sauerkraut, 2 Zwiebeln, 1 Apfel, 1 Möhre,
150 g gekochter Schinken oder Bratenreste,
250 g Sahne, 2 EL Öl, ½ TL Zucker,
Salz, frisch gemahlener Pfeffer,
einige Petersilienblättchen zum Garnieren

1. Sauerkraut klein schneiden. Zwiebeln schälen und fein hacken. Apfel waschen, halbieren, Kerngehäuse entfernen und Fruchtfleisch klein würfeln. Möhre putzen, schälen und raspeln. Schinken klein würfeln. Alles in eine Schüssel geben und locker vermischen.
2. Sahne mit Öl, Zucker, Salz und Pfeffer verrühren und untermischen. Masurischen Sauerkrautsalat zugedeckt im Kühlschrank ca. 30 Minuten ziehen lassen. Mit Petersilie garniert servieren.

In der ostpreußischen Küche wird oft und gerne mit Sauerkraut, auch Kumst genannt, gekocht. Ganz klassisch gibt es dazu Schweinefleisch in allen Variationen. Typisch ostpreußisch bei diesem Salat: Sahne als Hauptzutat.

Pro Portion: **ca. 377 kcal • 10 g EW • 31 g F • 12 g KH**

Gurkensalat mit Dill

Zubereitungszeit ca. 10 Min. + ca. 10 Min. Ruhezeit

Zutaten für 4 Portionen

1 Salatgurke, 250 g saure Sahne oder Schmand,
Salz, frisch gemahlener Pfeffer,
1 Prise Zucker, etwas Essig, ½ Bund Dill

1. Gurke waschen, trocken tupfen, nach Belieben schälen und auf einer sehr feinen Reibe in dünne Scheiben hobeln. Gurkenscheiben in eine Schüssel geben. Aus saurer Sahne oder Schmand, Salz, Pfeffer, Zucker und Essig eine Marinade zubereiten und mit den Gurkenscheiben vermischen. Salat ca. 10 Minuten ziehen lassen.
2. Dill waschen, trocken schütteln und Fähnchen fein hacken. Dill unter den Salat mischen und Gurkensalat nochmals abschmecken.

Wer diesen schmackhaften Salat original ostpreußisch zubereiten möchte, wählt statt saurer Sahne lieber Schmand. Dieser ist zwar weitaus fetthaltiger, gibt dem Salat aber besonders viel Geschmack.

Pro Portion: **ca. 169 kcal • 2 g EW • 15 g F • 6 g KH**

Kleine Gerichte

Königsberger Klopse

Zubereitungszeit ca. 1 Std. und 35 Min.

Zutaten für 4 Portionen

1 kg Kartoffeln, 150 g Zwiebel, 100 g Butter, 50 g altbackenes Weißbrot, 30 g Sardellenfilet, 450 g Sahne, 800 g gemischtes Hackfleisch, 3 Eier, 1 EL Senf, 1 EL Worcestersoße, Salz, frisch gemahlener Pfeffer, 1 Msp. Cayennepfeffer, 50 g gehackte Petersilie, 50 ml Weißweinessig, 2 EL Gemüsebrühepulver, 4 Lorbeerblätter, 2 Nelken, 5 Pimentkörner, 70 g Kapern, Saft und abgeriebene Schale von ½ unbehandelten Zitrone

1. Kartoffeln schälen und waschen. Zwiebel schälen und fein hacken. 40 Gramm Butter schmelzen und Zwiebel darin andünsten. Brot und Sardellenfilet klein würfeln und in 50 Gramm Sahne einweichen. Hackfleisch mit Zwiebeln, 1 Ei, Senf, Worcestersoße, 2 Teelöffel Salz, 1 Teelöffel Pfeffer und Cayennepfeffer würzen. Brot, Sardellen und 25 Gramm Petersilie untermischen und alles zu einem Fleischteig verkneten. Aus dem Teig 8 gleich große Klopse formen.
2. Kartoffeln in Salzwasser ca. 15–20 Minuten gar kochen. 1 Liter Wasser mit Essig, Gemüsebrühe, Lorbeer, Nelken und Piment zum Kochen bringen. Temperatur reduzieren und Klopse darin ca. 15 Minuten bei geringer Hitze garen. Herausnehmen und warm stellen.
3. Brühe über einem Sieb abgießen (Brühe auffangen) und mit 350 Gramm Sahne aufkochen. Temperatur reduzieren und bei geringer Hitze köcheln lassen. Restliche Eier trennen und Eigelbe (Eiweiße anderweitig verwenden) mit restlicher Sahne verschlagen.
4. Soße mit Eigelb-Sahne-Mischung binden. Kapern, Zitronensaft und -schale, restliche Petersilie und restliche Butter nach und nach zugeben. Soße mit Salz und Pfeffer abschmecken. Klopse in die Soße geben und darin kurz erhitzen. Mit Salzkartoffeln servieren.

Pro Portion: **ca. 1295 kcal • 55 g EW • 92 g F • 52 g KH**

Graue Erbsen mit Speck

Zubereitungszeit ca. 2 Std. und 15 Min. + ca. 12 Std. Einweichzeit

Zutaten für 4 Portionen

600 g graue Erbsen, 125 g Schinkenspeck, 1 große Zwiebel, Salz, frisch gemahlener Pfeffer, etwas frisch geriebener Muskat, etwas Essig, 1 Prise Zucker, etwas Honig

1. Graue Erbsen ca. 12 Stunden in Wasser einweichen. Über einem Sieb abgießen, unter fließendem Wasser abspülen und in einen Topf geben. Mit Wasser bedeckt ca. 1 ½–2 Stunden gar kochen (Wasser nicht salzen!).
2. Schinkenspeck klein würfeln. Zwiebel schälen und fein hacken. Speck in eine Pfanne geben und anrösten. Zwiebel zugeben und mitrösten.
3. Erbsen mit Salz, Pfeffer und Muskat abschmecken oder nach Belieben mit Essig, 1 Prise Zucker und Honig verfeinern. Graue Erbsen mit Speck anrichten. Dazu schmecken Bratheringe mit Kartoffeln.

Pro Portion: **ca. 544 kcal • 41 g EW • 5 g F • 85 g KH**

Fastnacht-Schuppnis

Zubereitungszeit ca. 2 Std.

Zutaten für 4 Portionen

250 g gelbe Schälerbsen, 500 ml Rinderbrühe, 2 große Zwiebeln, 600 g roh geräuchertes Kasseler, Salz, 1 TL Majoran, 4 Pimentkörner, 500 g mehligkochende Kartoffeln, etwas Milch nach Belieben, frisch gemahlener Pfeffer, 100 g Schinkenspeck, 1 EL Butter, 1 EL Petersilie

1. Erbsen in einen Topf geben und in Rinderbrühe kochen. Zwiebeln schälen, vierteln und zugeben. Kasseler zugeben und alles mit Salz, Majoran und Piment würzen. Ca. 1 ½ Stunden köcheln lassen.
2. Kartoffeln schälen und in einem separaten Topf in ausreichend Salzwasser ca. 15–20 Minuten gar kochen. Kasseler herausnehmen und in mundgerechte Stücke schneiden. Kartoffeln abgießen und ausdampfen lassen. Zu den Erbsen geben und zu einem Brei stampfen. Ist der Brei zu fest, etwas Milch zugeben.
3. Kasseler unterheben und alles mit Salz und Pfeffer abschmecken. Schinkenspeck klein würfeln. Butter in einer Pfanne schmelzen und Speck darin anrösten. Schuppnis anrichten, Speck darübergeben und mit Petersilie dekoriert servieren.

Pro Portion: **ca. 550 kcal • 50 g EW • 14 g F • 46 g KH**

Gänseschmalz zu Brot

Zubereitungszeit ca. 1 Std. + ca. 3 Std. Ruhezeit

Zutaten für ca. 4 Gläser

1 kg Zwiebeln, 500 g Leber (z. B. Hähnchen, Pute oder Gans),
1 kg Äpfel (z. B. Gravensteiner), 500 ml Gänseschmalz,
1 ½ EL Rosmarin, 1 EL Majoran,
2 gehäufte TL gehackter grüner Pfeffer,
1 TL frisch gemahlener Pfeffer

1. Zwiebeln schälen und grob hacken. Leber in kleine Stücke (ca. 2 Zentimeter) schneiden. Äpfel waschen, halbieren, Kerngehäuse entfernen und Fruchtfleisch grob würfeln.
2. Schmalz in einer beschichteten Pfanne erhitzen und Äpfel darin ca. 20–30 Minuten bei hoher Hitze goldbraun frittieren. Gelegentlich umrühren. Zwiebeln und Gewürze unterheben, umrühren und weitere ca. 15 Minuten dünsten. Öfter umrühren.
3. Leber unterheben und Herd ausschalten. In den nächsten 10 Minuten öfter umrühren und Pfanne zugedeckt ca. 2–3 Stunden langsam abkühlen lassen. In Gläser füllen und im Kühlschrank lagern. Gänseschmalz hält sich im Kühlschrank ca. 1 Woche, im Tiefkühlschrank maximal 1 Jahr. Es schmeckt hervorragend zu Schwarz- oder Vollkornbrot mit 1 Prise Salz.

Pro Glas: **ca. 1481 kcal • 30 g EW • 133 g F • 48 g KH**

Mostricheier
(Senfeier)

Zubereitungszeit ca. 15 Min.

Zutaten für 4 Portionen
8 Eier, 2 EL Butter,
2 EL Mehl, 250 ml Gemüsebrühe,
3 TL Senf, Salz, etwas Zucker, etwas Essig,
einige Kerbelblättchen zum Garnieren

1. Eier in reichlich kochendem Wasser ca. 8 Minuten hart kochen. Aus Butter und Mehl eine Mehlschwitze herstellen, Gemüsebrühe zugießen und köcheln lassen. Senf unterrühren und mit Salz, Zucker und Essig abschmecken.
2. Eier schälen und vierteln. Auf 4 Tellern anrichten und mit Senfsoße übergießen. Mit Kerbel dekoriert servieren. Dazu schmecken Salz- oder Pellkartoffeln.

Senf wurde in Ostpreußen auch Mostrich genannt. Ursprünglich rührte dieser Name von einer besonderen Senfherstellungsart her: Den geriebenen Senfkörnern wurde nämlich statt Essig Most zugegeben.

Pro Portion: **ca. 262 kcal • 14 g EW • 19 g F • 9 g KH**

Schmorkohl mit Apfel

Zubereitungszeit ca. 1 Std. und 15 Min.

Zutaten für 4 Portionen
1 kg Weißkohl, 6 EL Schmalz,
2 Tassen Brühe, 1 kleine Zwiebel,
2 Nelken, 2 säuerliche Äpfel,
frisch gemahlener Pfeffer,
1 EL Zucker, 2 EL Essig,
etwas Schinkenspeck nach Belieben,
einige Majoranblättchen nach Belieben

1. Weißkohl putzen, waschen und in feine Streifen schneiden. Schmalz in einer Pfanne erhitzen und Weißkohl darin andünsten. Etwas Brühe zugießen. Zwiebel schälen und mit Nelken spicken. Äpfel waschen, halbieren, Kerngehäuse entfernen und Fruchtfleisch klein würfeln. Zwiebel und Äpfel zum Weißkohl geben. Mit Pfeffer, Zucker und Essig abschmecken und ca. 1 Stunde schmoren. Bei Bedarf Brühe zugießen.
2. Schmorkohl nochmals süßsauer abschmecken. Nach Belieben angeröstete Schinkenwürfel untermischen und mit Majoran abschmecken. Schmorkohl passt bestens zu Salzkartoffeln mit Bratwurst, Schweinebraten sowie zu Gans, Ente und Hase.

Pro Portion: **ca. 263 kcal • 9 g EW • 15 g F • 24 g KH**

Kartoffelkeilchen mit Spirkel

Zubereitungszeit ca. 1 Std. + ca. 30 Min. Kühlzeit

Zutaten für 4 Portionen

500 g Kartoffeln, 500 g Pellkartoffeln vom Vortag, 1 Ei, 45 g Mehl, Salz, frisch gemahlener weißer Pfeffer, 125 g Schinkenspeck, 120 g Zwiebeln, 30 g Butter, einige Zweige Thymian zum Garnieren

1. Schüssel mit etwas Wasser bereitstellen. Kartoffeln schälen, waschen und ins Wasser reiben. Geriebene Kartoffeln in ein Küchentuch geben und kräftig ausdrücken. Pellkartoffeln schälen und in eine Schüssel reiben. Rohe Kartoffelmasse zufügen und alles mit Ei und Mehl vermischen. Mit Salz und Pfeffer abschmecken und zu einem festen Teig verkneten. Teig zugedeckt ca. 30 Minuten kühl stellen.
2. 1 Liter Wasser in einem Topf zum Kochen bringen und Salz zugeben. Mit 2 Esslöffeln vom Kartoffelteig flache Klöße (Keilchen) abstechen und formen. In kochendes Wasser geben und ca. 20 Minuten ziehen lassen.
3. Schinkenspeck klein würfeln. Zwiebeln schälen und fein hacken. Speck in eine Pfanne geben und anrösten. Butter zugeben und schmelzen lassen. Zwiebel zugeben und hellbraun anrösten. Keilchen mit einem Schaumlöffel herausnehmen und abtropfen lassen. Kartoffelkeilchen auf Teller verteilen und mit Zwiebeln und Speck bestreuen. Mit Thymian garnieren und servieren.

Pro Portion: **ca. 355 kcal • 14 g EW • 10 g F • 48 g KH**

Speck-
pfifferlinge

Zubereitungszeit ca. 25 Min.

Zutaten für 4 Portionen
750 g Pfifferlinge,
125 g magerer Räucherspeck, 3 Zwiebeln,
2 TL Mehl, 250 g saure Sahne oder Schmand,
Salz, frisch gemahlener Pfeffer,
1 EL gehackte Petersilie und
etwas Petersilie zum Garnieren

1. Pfifferlinge putzen und klein schneiden. Speck klein würfeln. Zwiebeln schälen und fein hacken. Speck in einer Pfanne anrösten, Zwiebeln zugeben und kurz andünsten. Pfifferlinge zugeben und alles zugedeckt ca. 15 Minuten dünsten.
2. Mehl mit saurer Sahne oder Schmand verrühren und unter die Pilz-Speck-Mischung rühren. Mit Salz und Pfeffer abschmecken, gehackte Petersilie untermischen und mit etwas Petersilie garniert servieren. Speckpfifferlinge schmecken hervorragend zu Semmelknödeln.

Die aromatischen Pfifferlinge, von den Ostpreußen „Gelböhrchen" genannt, werden auch heute noch gerne in den masurischen Wäldern gesammelt. Heute ist es die polnische Bevölkerung, begeisterte Pilzesammler, die neben Gelböhrchen auch jede Menge Steinpilze und Parasole aus den Wäldern holt.

Pro Portion: **ca. 308 kcal • 10 g EW • 25 g F • 9 g KH**

Kartoffelflinschen

Zubereitungszeit ca. 30 Min.

Zutaten für 4 Portionen
*1 ½ kg Kartoffeln, 1 Zwiebel,
4 Eier, 1 Prise Salz,
2 EL Mehl, ½ TL Anis,
Öl zum Ausbacken,
Zucker nach Belieben,
1 Glas Apfelmus*

1. Kartoffeln schälen und in eine Schüssel reiben. Wasser aus den geriebenen Kartoffeln auspressen. Zwiebel schälen und zu den Kartoffeln reiben. Eier, Salz, Mehl und Anis zugeben und alles gut vermengen.
2. Öl in einer Pfanne erhitzen. Je Flinse ca. 2 Esslöffel Teig in die Pfanne geben und flach drücken. Flinsen auf beiden Seiten knusprig braun backen. Mit dem kompletten Teig so verfahren. Nach Belieben Zucker über die fertig gebackenen Flinsen streuen. Kartoffelflinsen mit Apfelmus servieren.

Pro Portion: **ca. 640 kcal • 15 g EW • 23 g F • 93 g KH**

Memel
Totalansicht

Nördlich der Memel

Nördlich des Flusses Memel befand sich das Memelland oder Memelgebiet, bis 1920 der nordöstlichste Teil Ostpreußens. Dichte Wälder, reiche Bernsteinvorkommen und fruchtbarer Boden sowie die Lage am Kurischen Haff machten es zu einem begehrten Landstrich, weshalb es auf eine wechselhafte politische Geschichte zurückblickt. Heute gehört das Gebiet zu Litauen.

Tomaten mit Glumse

Zubereitungszeit ca. 15 Min.

Zutaten für 2 Portionen
125 g Quark, 4 EL saure Sahne, 3 Radieschen, 1 Zwiebel,
2 EL gehackte Petersilie und etwas Petersilie für die Dekoration,
2 EL gehackter Schnittlauch und etwas Schnittlauch für die Dekoration,
Salz, frisch gemahlener weißer Pfeffer,
etwas edelsüßes Paprikapulver, 6 Tomaten

1. Quark (Glumse) in eine Schüssel geben und mit saurer Sahne verrühren. Radieschen putzen, waschen, trocken tupfen und fein reiben. Zwiebel schälen und fein hacken. Radieschen, Zwiebel und Kräuter zur Quarkmasse geben und alles gut verrühren. Mit Salz, Pfeffer und Paprika abschmecken.
2. Tomaten waschen, Deckel abschneiden und aushöhlen. Tomaten mit Quarkmasse füllen, mit Petersilie und Schnittlauch garnieren und Deckel wieder aufsetzen. Tomaten mit Glumse servieren.

Die ostpreußische Mundart war oft von ihren direkten Nachbarn beeinflusst. Vor allem polnische und russische Einflüsse machten sich in kulinarischen Bezeichnungen bemerkbar. So hat das Wort „Glumse" seinen Ursprung im polnischen „glomz", was „Quark" bedeutet.

Pro Portion: **ca. 196 kcal • 12 g EW • 11 g F • 13 g KH**

Fischklopse mit Specksoße

Zubereitungszeit ca. 45 Min.

Zutaten für 4 Portionen

1 Brötchen, 1 Zwiebel, 70 g Butter, ½ Bund Petersilie, 500 g gekochtes Fischfleisch (Fischfilet oder Fischreste), 3 Eier, Salz, frisch gemahlener Pfeffer, etwas Mehl, 2 EL Paniermehl, 1 EL Schinkenspeck, 1 Prise Zucker, etwas Essig, 2 EL saure Sahne oder Schmand, ½ unbehandelte Zitrone

1. Brötchen in etwas Wasser einweichen. Zwiebel schälen und fein hacken. 1 Esslöffel Butter in einem kleinen Topf schmelzen und Zwiebel darin andünsten. Petersilie waschen, trocken schütteln und Blätter fein hacken.
2. Fisch durch den Fleischwolf drehen und in eine Schüssel geben. Mit ausgedrücktem Brötchen, gedünsteter Zwiebel, 2 Eiern und Petersilie vermischen. Mit Salz und Pfeffer abschmecken. Mit bemehlten Händen aus der Fischmasse 7 flache Klopse formen. Restliches Ei in einem tiefen Teller verschlagen. Paniermehl auf einen weiteren tiefen Teller geben. Fischklopse in Ei wenden und im Paniermehl panieren.
3. Restliche Butter in einer Pfanne erhitzen und Fischklopse bei geringer Hitze von beiden Seiten goldbraun braten. Speck in einer weiteren Pfanne anrösten. 1 Esslöffel Mehl im Speckfett anbräunen. Mit etwas Wasser ablöschen, bis eine sämige Soße entsteht. Soße mit Salz, 1 Prise Zucker, Essig und saurer Sahne oder Schmand süßsauer abschmecken. Zitrone waschen, trocken tupfen und in Schnitze schneiden. Fischklopse mit Zitronenschnitzen anrichten. Soße dazu reichen. Dazu passt Salat.

Pro Portion: **ca. 407 kcal • 28 g EW • 24 g F • 18 g KH**

Rührei mit Speck

Zubereitungszeit ca. 20 Min.

Zutaten für 4 Portionen
5 Scheiben Bacon, 8 Eier, 6 EL Milch, Salz, 2 EL gehackter Schnittlauch, 1 gehäufter TL Butter, einige Cocktailtomaten, frisch gemahlener Pfeffer

1. 1 Scheibe Bacon klein schneiden. Eier in eine Schüssel geben und mit Milch verschlagen. Mit Salz würzen. 1 Esslöffel Schnittlauch unterrühren. Geschnittenen Bacon in einer Pfanne anrösten, Butter zugeben und Eiermasse hineingießen.
2. Sobald die Eiermasse stockt, Hitze reduzieren und mit einem breiten Pfannenwender vorsichtig Eiermasse vom Rand aus zur Mitte schieben. Restlichen Bacon in einer weiteren Pfanne kross braten. Tomaten waschen und trocken tupfen.
3. Rührei mit Speck auf Tellern anrichten, mit etwas Pfeffer bestreuen und restlichen Schnittlauch darübergeben. Bacon und Tomaten dazu reichen. Dazu schmecken Kräuter nach Belieben und frisches Baguette.

Pro Portion: ca. 219 kcal • 15 g EW • 16 g F • 3 g KH

Schmand-kartoffeln

Zubereitungszeit ca. 45 Min.

Zutaten für 4 Portionen

750 g Kartoffeln, 75 g Schinkenspeck,
1 EL Butter, Salz, 250 g Schmand,
frisch gemahlener Pfeffer,
½ Bund Schnittlauch, ½ Bund Dill

1. Kartoffeln waschen und in einem Topf mit reichlich Wasser ca. 20–25 Minuten garen. Abgießen und etwas abkühlen lassen. Pellen und in Scheiben schneiden.
2. Speck klein würfeln. Butter in einer Pfanne schmelzen und Speck darin anrösten. Kartoffelscheiben zugeben, mit Salz würzen und goldbraun braten. Zwischendurch wenden.
3. Ca. 3–4 Esslöffel Wasser zugießen und etwas einköcheln lassen. Schmand unterheben und bei geringer Wärme leicht eindicken lassen. Schmandkartoffeln mit Salz und Pfeffer abschmecken. Schnittlauch waschen, trocken schütteln und in Ringe schneiden. Dill waschen, trocken schütteln und Fähnchen fein hacken. Schnittlauch und Dill unterheben. Dazu passt grüner Salat.

Ostpreußische Küche wäre undenkbar ohne Schmand. Wer Schmand im Supermarkt nicht findet, kann diesen auch durch Crème fraîche oder saure Sahne ersetzen. Alternativ kann man auch in russischen Lebensmittelläden nach Schmand Ausschau halten. Diese bieten ihn oft mit einem Fettgehalt von 20-40 % an.

Pro Portion: **ca. 359 kcal • 9 g EW • 21 g F • 25 g KH**

Gebratene Grützwurst

Zubereitungszeit ca. 20 Min.

Zutaten für 4 Portionen
1 Ring Grützwurst, 1 große Zwiebel,
1 EL Schmalz, 1 EL Butter,
Salz, frisch gemahlener Pfeffer,
einige Majoranblättchen, 1 Apfel

1. Grützwurst kurz in siedendem Wasser brühen. Enthäuten und klein schneiden. Zwiebel schälen und fein hacken. Schmalz und Butter in eine Pfanne geben und Grützwurst darin anbräunen. Zwiebel zufügen und mit anrösten. Mit etwas Wasser ablöschen und alles mit Salz, Pfeffer und Majoran abschmecken. Bei geringer Hitze etwas schmoren lassen.
2. Apfel waschen, halbieren, Kerngehäuse entfernen und Fruchtfleisch klein würfeln. Apfel zur Grützwurst geben und so lange weiter köcheln, bis der Apfel zu Mus zerfällt. Nochmals kräftig mit Gewürzen abschmecken. Gebratene Grützwurst schmeckt zu Salzkartoffeln oder Kartoffelbrei mit grünem Schmandsalat.

Pro Portion: **ca. 365 kcal • 14 g EW • 29 g F • 13 g KH**

Ostpreußische Piroggen

Zubereitungszeit ca. 45 Min. + ca. 12 Std. Kühlzeit

Zutaten für ca. 16 Stück

250 g Mehl und etwas Mehl für die Arbeitsfläche, 250 g weiche Butter, 100 g Schweinespeck, 100 g milder Schinken, 100 g Rosinen, 1 Eigelb, 1 EL Milch

1. Mehl in eine Schüssel sieben und mit Butter und 2–3 Esslöffel kaltem Wasser mit den Knethaken des Handrührgerätes zu einem glatten Teig verkneten. Teig in Klarsichtfolie wickeln und ca. 12 Stunden kalt stellen.
2. Backofen auf 200 °C (Umluft: 180 °C) vorheizen. Backblech mit Backpapier auslegen. Für die Füllung Speck und Schinken klein würfeln und mit Rosinen vermischen. Teig auf einer bemehlten Arbeitsfläche zu einer Rolle formen und diese in ca. 16 Scheiben schneiden. Scheiben etwas flach drücken, jeweils 1 Esslöffel Füllung daraufgeben, Ecken darüber zusammenlegen, Ränder gut andrücken und zu Piroggen formen.
3. Piroggen mit der glatten Seite nach oben auf das Backpapier legen. Eigelb mit Milch verschlagen und Piroggen damit bestreichen. Im vorgeheizten Backofen ca. 30 Minuten goldbraun backen und Piroggen heiß servieren. Nach Belieben mit Currysoße oder Zitronenbuttersoße anrichten.

Pro Stück: **ca. 219 kcal • 4 g EW • 15 g F • 17 g KH**

Bauernfrühstück

Zubereitungszeit ca. 20 Min.

Zutaten für 2 Portionen
500 g Pellkartoffeln vom Vortag, 1 Zwiebel,
½ Bund Schnittlauch, etwas Öl,
Salz, frisch gemahlener Pfeffer,
4 Eier, 2 EL Milch

1. Kartoffeln pellen und in Scheiben schneiden. Zwiebel schälen und fein hacken. Schnittlauch waschen, trocken schütteln und in Ringe schneiden. Öl in einer Pfanne erhitzen, Zwiebel darin andünsten, Kartoffeln zugeben und goldbraun braten. Mit Salz und Pfeffer abschmecken.
2. 1 Ei trennen (Eiweiß anderweitig verwenden). Restliche Eier und Eigelb in eine Schüssel geben und mit Milch und Schnittlauch verschlagen. Eimasse unter die Kartoffeln heben und stocken lassen. Mit etwas Pfeffer bestreut servieren.

Pro Portion: **ca. 390 kcal • 17 g EW • 15 g F • 42 g KH**

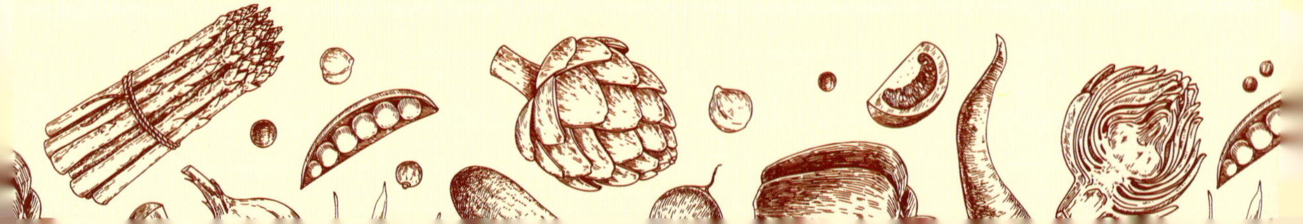

Kohlrabi mit Schmand

Zubereitungszeit ca. 30 Min.

Zutaten für 4 Portionen

3 mittelgroße Kohlrabi, Salz,
1 EL Butter, 1 EL Mehl, 125 g Schmand,
etwas Gemüsebrühepulver,
Salz, frisch gemahlener Pfeffer,
etwas frisch geriebener Muskat, 1 Eigelb,
½ Bund Majoran

1. Kohlrabi putzen, schälen, waschen und klein würfeln. In wenig Salzwasser gar kochen. Über einem Sieb abgießen und abtropfen lassen. Kochwasser auffangen udn beiseitestellen.
2. Butter in einem Topf schmelzen, Mehl darin anschwitzen und 250 Milliliter Kochwasser unter Rühren zugießen. Aufkochen lassen. Schmand einrühren und Soße mit Gemüsebrühepulver, Salz, Pfeffer und Muskat abschmecken.
3. Soße vom Herd nehmen und Eigelb unterrühren. Majoran waschen, trocken schütteln, Blättchen klein schneiden und unterheben. Kohlrabi mit Schmand zu Salzkartoffeln und Fleischgerichten servieren.

Pro Portion: **ca. 195 kcal • 6 g EW • 14 g F • 11 g KH**

HAUPT-
GERICHTE

Hähnchen mit Sahnesoße

Zubereitungszeit ca. 2 Std.

Zutaten für 4 Portionen
1 küchenfertiges Hähnchen,
Salz, frisch gemahlener Pfeffer,
30 g Speck, 100 g Butter, 500 ml Buttermilch,
200 g Sahne, Zucker, 1 Frühlingszwiebel

1. Backofen auf 180 °C (Umluft: 160 °C) vorheizen. Hähnchen waschen und mit Salz und Pfeffer einreiben. Speck klein würfeln. Butter in einen Bräter geben und erhitzen, Speck darin anrösten. Hähnchen zugeben und von allen Seiten anbraten.
2. Hähnchen zugedeckt im vorgeheizten Backofen ca. 1 ½ Stunden garen. Ca. alle 20 Minuten Hähnchen mit Bratfett übergießen. In den letzten 30 Minuten Deckel des Bräters abnehmen.
3. Etwas von dem Bratfett mit Speck in eine Pfanne geben und erhitzen. Buttermilch einrühren und Sahne zugießen. Soße mit Salz und Zucker süßsauer abschmecken.
4. Frühlingszwiebel putzen, waschen und in dünne Röllchen schneiden. Hähnchen aus dem Ofen nehmen, tranchieren und auf Teller verteilen. Mit Sahnesoße begießen und mit Frühlingszwiebel bestreut servieren.

Pro Portion: ca. 623 kcal • 37 g EW • 50 g F • 9 g KH

Schusterpastete

Zubereitungszeit ca. 1 Std.

Zutaten für 4 Portionen

*750 g Pellkartoffeln vom Vortag, Öl, Salz,
250 g Bratenreste (z. B. Kasseler), 2 Zwiebeln,
2 gewässerte Salzheringe oder Matjes,
250 g gedünstetes Sauerkraut vom Vortag,
250 g saure Sahne oder Schmand, 30 g Mehl, 50 g geriebener
Käse, Butter und etwas Butter für die Form*

1. Kartoffeln pellen und in Scheiben schneiden. Öl in einer Pfanne erhitzen und Kartoffeln darin goldbraun anbraten. Mit Salz abschmecken. Backofen auf 200 °C (Umluft: 180 °C) vorheizen. Fleisch klein würfeln. Zwiebeln schälen und fein hacken. Heringe klein würfeln.
2. Auflaufform mit Butter ausstreichen. Schichtweise Bratkartoffeln, Fleisch, Zwiebeln, Heringe und Kraut einschichten. Letzte Schicht mit Bratkartoffeln belegen. Saure Sahne oder Schmand und Mehl verschlagen, mit etwas Salz abschmecken und darübergießen. Geriebenen Käse darüberstreuen. Butter in Flöckchen darauf verteilen. Schusterpastete im vorgeheizten Backofen ca. 40 Minuten goldbraun backen.

Pro Portion: **ca. 685 kcal • 26 g EW • 44 g F • 42 g KH**

Gefüllter Schweinebraten

Zubereitungszeit ca. 1 Std. und 20 Min. + ca. 2 Std. Einweichzeit

Zutaten für 4 Portionen
150 g entsteinte Backpflaumen,
750 g Schweinebraten, Salz,
Öl, 1 Zwiebel, 3 Pimentkörner,
2 Nelken, 1 EL Speisestärke,
frisch gemahlener Pfeffer,
1 Prise Zucker

1. Backpflaumen waschen und in warmem Wasser ca. 2 Stunden einweichen. Über einem Sieb abgießen und abtropfen lassen. In den Schweinebraten eine Tasche schneiden und mit Backpflaumen füllen. Braten mit Salz einreiben.
2. Öl in einem Bräter erhitzen und Braten von allen Seiten anbraten. Zwiebel schälen, grob hacken und zugeben. Pimentkörner und Nelken zugeben. Braten ca. 1 Stunde schmoren lassen.
3. Bratensaft passieren. Stärke in etwas Wasser auflösen und Soße damit binden. Mit Salz, Pfeffer und Zucker abschmecken. Zum gefüllten Schweinebraten schmecken Salzkartoffeln und Salat.

Pro Portion: **ca. 494 kcal • 41 g EW • 14 g F • 48 g KH**

Falscher Hasenbraten

Zubereitungszeit ca. 1 Std. und 20 Min.

Zutaten für 4 Portionen
2 altbackene Brötchen, 1 Zwiebel, 50 g geräucherter Bauchspeck, 500 g gemischtes Hackfleisch, 2 Eier, Salz, frisch gemahlener Pfeffer, Paprikapulver, Fett für die Form, 100 g fetter Speck nach Belieben, 150 g Paniermehl, 200 ml Brühe, 125 g saure Sahne oder Schmand, 1 EL Mehl, 1 Prise Zucker

1. Backofen auf 180 °C (Umluft: 160 °C) vorheizen. Brötchen in etwas Wasser einweichen. Zwiebel schälen und fein hacken. Bauchspeck klein würfeln. Hackfleisch in eine Schüssel geben und mit ausgedrückten Brötchen, Zwiebel, Bauchspeck und Eiern gut vermischen. Mit Salz, Pfeffer und Paprikapulver würzen.
2. Kastenform mit Fett ausstreichen und Hackfleischteig in die Form geben. Nach Belieben Speck in Scheiben schneiden und Speckscheiben darauf verteilen. Mit Paniermehl bestreuen und im vorgeheizten Backofen ca. 1 Stunde backen.
3. Falschen Hasenbraten in der Form auskühlen lassen. Herausnehmen und in dickere Scheiben schneiden. Brühe in die Kastenform gießen und Bratensatz lösen. Passieren und in einem Topf aufkochen. Saure Sahne oder Schmand und Mehl verrühren und Soße damit binden. Mit Salz, Pfeffer und Zucker abschmecken.

Pro Portion: **ca. 793 kcal • 43 g EW • 46 g F • 47 g KH**

Pfeffer

Masurischer Sauerbraten

Zubereitungszeit ca. 2 Std. und 30 Min. + ca. 4 Tage Marinierzeit

Zutaten für 4 Portionen

750 g Rinderbraten (z. B. Semerrolle, Keule oder Hüfte), 500 ml Buttermilch, 3 EL Butterschmalz, 100 g Speckschwarte, Salz, Fleischbrühe, 2 Gewürzkörner, 2 Pfefferkörner, 1 Lorbeerblatt, 250 g saure Sahne oder Schmand, 4 Wacholderbeeren, 1 Prise Zucker, 1 TL Mehl

1. Rinderbraten parieren. In eine Schüssel geben und Buttermilch zugießen. Abgedeckt an einem kühlen Ort ca. 4 Tage darin marinieren. Zwischendurch mehrmals wenden.
2. Fleisch aus der Marinade nehmen, abtropfen lassen und trocken tupfen. Butterschmalz in einem Bräter erhitzen und Speckschwarte darin anrösten. Fleisch hineingeben und von allen Seiten anbraten. Mit etwas Salz würzen. Fleischbrühe zugießen, sodass das Fleisch bedeckt ist. Gewürzkörner, Pfefferkörner und Lorbeerblatt zugeben und alles zugedeckt ca. 45 Minuten schmoren lassen.
3. 125 Gramm saure Sahne oder Schmand zugießen und weitere ca. 45 Minuten schmoren. Wacholderbeeren zerdrücken. 2 Esslöffel saure Sahne oder Schmand in eine Schüssel geben und beiseitestellen. Restliche saure Sahne bzw. restlichen Schmand mit zerdrückten Wacholderbeeren zum Fleisch geben.
4. Fleisch herausnehmen und warm stellen. Soße durch ein Sieb in einen Topf geben und etwas einköcheln lassen. Mit Zucker abschmecken. Mehl mit restlicher saurer Sahne bzw. restlichem Schmand verrühren und Soße damit binden. Fleisch in Scheiben schneiden und mit Soße anrichten. Dazu schmecken Klöße und Rotkohl.

Pro Portion: **ca. 570 kcal • 50 g EW • 36 g F • 11 g KH**

Dämpfkarbonade mit Majoransoße

Zubereitungszeit ca. 1 Std. und 20 Min.

Zutaten für 4 Portionen
4 Koteletts, 4 Zwiebeln, Salz,
6 Pfefferkörner, 1 EL Majoran,
2 EL saure Sahne oder Schmand,
etwas Speisestärke

1. Etwas Wasser in einer Pfanne erhitzen. Koteletts hineinlegen und köcheln lassen, bis das Wasser verdampft ist. Koteletts von beiden Seiten anbraten. Zwiebeln schälen, fein hacken, zugeben und mit anbräunen. So viel heißes Wasser zugießen, dass das Fleisch bedeckt ist. Etwas Salz und Pfefferkörner zugeben und zugedeckt bei geringer Hitze ca. 1 Stunde dämpfen.
2. Koteletts herausnehmen und warm stellen. Soße passieren und mit Majoran abschmecken. Saure Sahne oder Schmand und etwas Speisestärke verrühren und Soße damit binden. Dämpfkarbonade mit Kartoffelbrei und Salat oder mit Salzkartoffeln und Gewürzgurken anrichten.

Pro Portion: **ca. 219 kcal • 29 g EW • 31 g F • 6 g KH**

Süßsaures Lungenhaschee

Zubereitungszeit ca. 1 Std. und 20 Min.

Zutaten für 6 Portionen

1 Kalbslunge, 1 Kalbsherz,
1 Bund Suppengrün, Salz, 4 Pimentkörner,
1 Lorbeerblatt, 2 Zwiebeln, 2 EL Butter,
1 gehäufter EL Mehl, etwas Weinessig,
frisch gemahlener Pfeffer, Fleischwürze,
1 Prise Zucker, Kapern

1. Lunge und Herz waschen und trocken tupfen. Lunge klein schneiden. Suppengrün putzen bzw. schälen, waschen und klein schneiden. Lunge, Herz und Suppengrün in einen Topf geben und Wasser zufügen. Mit Salz, Piment und Lorbeerblatt würzen. Zugedeckt ca. 1 Stunde gar kochen.
2. Lunge und Herz herausnehmen, Röhre der Lunge entfernen und Fleisch fein hacken. Brühe passieren. Zwiebeln schälen und fein hacken. Butter in einem Topf schmelzen und Zwiebeln darin anschwitzen. Etwas Brühe zufügen und Soße mit Mehl binden. Fleisch zugeben und aufkochen lassen. Mit Weinessig, Salz, Pfeffer, Fleischwürze und Zucker abschmecken. Kapern untermischen. Lungenhaschee mit Pellkartoffeln und Spiegelei anrichten und mit süßsauren Gurken garnieren.

Pro Portion: ca. 322 kcal • 65 g EW • 14 g F • 7 g KH

Wildschwein-braten

Zubereitungszeit ca. 2 Std. und 45 Min. + ca. 3 Tage Marinierzeit

Zutaten für 4 Portionen

1 kg Wildschwein (Keule), 1 l Buttermilch, 1 Bund Suppengrün, 10 Wacholderbeeren, 10 Pfefferkörner, 1 Lorbeerblatt, Salz, frisch gemahlener Pfeffer, 2 große Zwiebeln, 500 g Kartoffeln, 2 EL Schweineschmalz, 250 ml Bier, 250 ml Fleischbrühe, Speisestärke, 1 EL Crème fraîche oder Schmand, 1 Bund Petersilie, 1 EL Butter, 50 g Schinkenspeckwürfel, 500 g Waldpilze (TK-Produkt), einige Thymianzweige zum Garnieren

1. Fleisch in eine Schüssel geben und Buttermilch zugießen. Suppengrün putzen bzw. schälen, waschen, klein schneiden und zugeben. Wacholderbeeren, Pfefferkörner und Lorbeerblatt zugeben. Zugedeckt an einem kühlen Ort ca. 3 Tage marinieren.
2. Backofen auf 150 °C (Umluft: 130 °C) vorheizen. Fleisch herausnehmen, abtropfen lassen und trocken tupfen. Mit Salz und Pfeffer würzen. Suppengrün abgießen, Beize auffangen. 1 Zwiebel schälen und fein hacken. Kartoffeln schälen und achteln. Schmalz in einem Bräter erhitzen und Fleisch darin von allen Seiten anbraten. Zwiebel, Kartoffeln und Suppengrün zugeben und mitbraten. Mit Bier und Fleischbrühe ablöschen. Bräter auf die unterste Schiene des vorgeheizten Backofens stellen und ca. 2 Stunden schmoren. Kartoffeln herausnehmen, Soße pürieren und mit Speisestärke binden. Mit Crème fraîche oder Schmand verfeinern.
3. Restliche Zwiebel schälen und fein hacken. Petersilie waschen, trocken schütteln und Blätter fein hacken. Butter erhitzen und Speck, Zwiebel und Pilze darin anbraten. Gehackte Petersilie zugeben und alles mit Salz und Pfeffer abschmecken. Wildschweinbraten in Scheiben schneiden und mit Thymianzweigen garnieren. Mit Pilzen, Soße und Kartoffeln servieren.

Pro Portion: **ca. 673 kcal • 69 g EW • 26 g F • 37 g KH**

Schmand-schinken

Zubereitungszeit ca. 30 Min.

Zutaten für 4 Portionen

600 g Schwarzwälder Schinken, 2 EL Öl, 2 EL Mehl, 200 ml Brühe, 400 g Schmand, Salz, frisch gemahlener Pfefferer

1. Schwarzwälder Schinken in ca. 1 Zentimeter dicke Scheiben schneiden. Öl in einer Pfanne erhitzen und Schinkenscheiben darin auf beiden Seiten anbraten. Anschließend Schinken aus der Pfanne nehmen.
2. Mehl im Bratfett anschwitzen und mit Brühe ablöschen. Schmand dazugeben und alles aufkochen. Mit Salz und Pfeffer abschmecken. Eventuell die Soße mit Brühe verdünnen, falls diese zu dick ist. Schinken wieder in die Soße geben und nochmals aufkochen. Dazu schmecken Salzkartoffeln oder Kartoffelbrei.

Schmandschinken kann mit verschiedensten Fleischarten variiert werden. Ersetzen Sie den Schinken z. B. auch mal durch Schweinenacken oder Kasseler.

Pro Portion: **ca. 704 kcal • 44 g EW • 54 g F • 9 g KH**

Ermland und Masuren

Ostpreußens Süden teilte sich unter anderem in Ermland und Masuren auf. Das Ermland geht auf die Besiedelungsgeschichte der prußischen Volksstämme zurück, während Masuren vor allem durch die Einwanderung der polnischen Masowier geprägt war. Nach dem Zweiten Weltkrieg fiel das Gebiet an Polen, seine Hauptstadt ist das damalige Allenstein, heute Olsztyn.

Bratwurst in Biersoße

Zubereitungszeit ca. 45 Min.

Zutaten für 4 Portionen

4 Kalbsbratwürste (à 125 g),
1 Petersilienwurzel, 200 g Sellerieknollen, 1 Zwiebel,
125 ml dunkles Bier, Salz, 1 Lorbeerblatt, 3 Nelken,
3 Pfefferkörner, 50 g Pfefferkuchen,
1 gehäufter TL Speisestärke, Zitronensaft,
1 Prise Zucker, 1 TL Butter

1. Bratwürste mit kochendem Wasser übergießen und ca. 5 Minuten brühen. Petersilienwurzel und Sellerie putzen, schälen und klein schneiden. Zwiebel schälen und fein hacken. Gemüse in einen großen Topf geben, 250 Milliliter Wasser und Bier zugeben und mit Salz würzen. Lorbeerblatt, Nelken und Pfefferkörner zugeben und köcheln lassen. Bratwürste hineingeben und weitere ca. 15 Minuten köcheln lassen.
2. Bratwürste herausnehmen und Brühe durch ein Sieb in einen Topf gießen. Pfefferkuchen zerbröckeln und in etwas warmem Wasser auflösen. Brühe aufkochen und Pfefferkuchen unter ständigem Rühren nach und nach in die Brühe geben. Speisestärke mit etwas kaltem Wasser glatt rühren und Soße damit binden. Mit Salz, Zitronensaft und Zucker abschmecken. Bratwürste wieder hineingeben und alles ca. 10–15 Minuten bei geringer Hitze köcheln lassen. Butter hineinrühren. Bratwurst nach Belieben einschneiden und mit Biersoße sowie mit Kartoffelbrei oder Salzkartoffeln servieren.

Pro Portion: **ca. 306 kcal • 26 g EW • 12 g F • 19 g KH**

Geschmorte Hammelkeule

Zubereitungszeit ca. 2 Std. und 30 Min. + ca. 4 Tage Marinierzeit

Zutaten für 4 Portionen

1 Hammelkeule ohne Knochen,
750 ml Buttermilch, 1 EL Butterschmalz,
100 g geräucherter Speck, 350 ml Brühe,
150 g saure Sahne oder Schmand, 1 Zwiebel,
1 Lorbeerblatt, 2 Nelken, 3 Wacholderbeeren,
100 g Pilze, 2 EL Mehl

1. Hammelkeule parieren. In eine Schüssel geben und Buttermilch zugießen. Abgedeckt an einem kühlen Ort ca. 4 Tage darin marinieren. Zwischendurch mehrmals wenden. Fleisch aus der Marinade nehmen, abtropfen lassen und trocken tupfen.
2. Butterschmalz in einem Bräter erhitzen und Fleisch darin von allen Seiten anbraten. Speck in Scheiben schneiden und Fleisch damit belegen. Brühe und 50 Gramm saure Sahne oder Schmand zugießen. Zwiebel schälen, in Ringe schneiden und zugeben. Lorbeerblatt, Nelken und Wacholderbeeren zugeben und alles zugedeckt ca. 2 Stunden schmoren. Fleisch herausnehmen und warm stellen.
3. Pilze putzen und klein schneiden. In die Soße geben und ca. 10 Minuten schmoren. Restliche saure Sahne bzw. restlichen Schmand unterrühren. Mehl mit etwas Wasser verrühren und Soße damit binden. Aufkochen und durch ein Sieb gießen. Geschmorte Hammelkeule in Scheiben schneiden und servieren.

Pro Portion: **ca. 509 kcal • 56 g EW • 24 g F • 16 g KH**

Kakalinski Memelländer Art

Zubereitungszeit ca. 1 Std. und 30 Min.

Zutaten für 4 Portionen
2 kg Kartoffeln, 500 g Zwiebeln, 4 Scheiben magerer Schweinebauch ohne Schwarte, 150 g Schinken, Salz, frisch gemahlener Pfeffer, Fett für das Backblech

1. Backofen auf 200 °C (Umluft: 180 °C) vorheizen. Kartoffeln schälen, waschen und grob in eine Schüssel raspeln. Zwiebeln schälen, fein hacken und zugeben. Schweinebauch und Schinken würfeln und zugeben. Alles gut vermischen und mit Salz und Pfeffer würzen.
2. Backblech mit Fett ausstreichen. Kartoffelmasse darauf verteilen und glatt streichen. Im vorgeheizten Backofen ca. 1 Stunde knusprig braun backen. Ca. 30 Minuten abkühlen lassen und in Stücke schneiden. Kakalinski mit Salat anrichten.

Kakalinski gehört zu den traditionsreichsten Rezepten aus Ostpreußen. Auch unter dem Namen „Bäbb" bekannt, stammt das Rezept ursprünglich aus Litauen.

Pro Portion: **ca. 651 kcal • 24 g EW • 33 g F • 84 g KH**

Würziges Pfefferfleisch

Zubereitungszeit ca. 2 Std. und 20 Min.

Zutaten für 4 Portionen

4 Scheiben Rouladenfleisch vom Rind (à 125 g), 1 EL Butterschmalz, 1 EL Gänseschmalz, 1 geräucherte Speckschwarte, 250 ml Fleischbrühe, 3 Zwiebeln, 5 Pfefferkörner, 4 Pimentkörner, 1 Lorbeerblatt, 1 EL Mehl, Salz, frisch gemahlener Pfeffer

1. Fleisch trocken tupfen und zwischen Klarsichtfolie flach klopfen. Schmalz in einem Bräter erhitzen und Speckschwarte darin anbraten. Fleisch zufügen und von beiden Seiten anbraten. Fleischbrühe zugießen, sodass das Fleisch knapp bedeckt ist. Zwiebeln schälen und in Streifen schneiden. Mit Pfefferkörnern, Piment und Lorbeerblatt zum Fleisch geben und zugedeckt bei geringer Hitze ca. 2 Stunden schmoren lassen.
2. Fleisch herausnehmen und warm stellen. Speckschwarte herausnehmen. Soße passieren und mit Mehl binden. Mit Salz und Pfeffer abschmecken. Als Beilage zum Pfefferfleisch Kartoffeln und Salat reichen.

Pro Portion: **ca. 383 kcal • 31 g EW • 20 g F • 7 g KH**

Ostseelachs mit holländischer Soße

Zubereitungszeit ca. 30 Min.

Zutaten für 4 Portionen

800 g Lachs, Salz, 1 Petersilienwurzel, 1 Zwiebel, 1 Lorbeerblatt, 4 Gewürzkörner, 2 EL Butter, 1 gehäufter EL Mehl, 250 g Sahne, Saft von 2 Zitronen, 1 Prise Zucker, 2 Eigelb

1. Lachs waschen, trocken tupfen und mit Salz würzen. Petersilienwurzel putzen, schälen und klein würfeln. Zwiebel schälen und fein hacken. Lachs in 500 Milliliter Wasser legen, Petersilienwurzel, Zwiebel, Lorbeerblatt und Gewürzkörner zugeben und kurz aufkochen. Temperatur verringern und ca. 20 Minuten gar ziehen lassen. Lachs herausnehmen und warm stellen.
2. Brühe passieren. Butter in einem Topf schmelzen, Mehl unterrühren und hellgelb anrösten. Fischbrühe zugießen, umrühren und Sahne zugießen. Mit Zitronensaft und Zucker abschmecken. Topf vom Herd nehmen. Eigelbe in einer Schüssel verschlagen und unter die Soße ziehen. Ostseelachs mit holländischer Soße anrichten. Als Beilage Pellkartoffeln und Salat mit gerösteten Nüssen reichen.

Pro Portion: **ca. 719 kcal • 47 g EW • 50 g F • 8 g KH**

Pflückhecht mit Makkaroni

Zubereitungszeit ca. 45 Min.

Zutaten für 4 Portionen

1 ½ kg küchenfertiger Hecht,
200 g Sellerieknollen, 1 Petersilienwurzel, 1 Zwiebel,
5 Gewürzkörner, 5 Pfefferkörner,
2 Lorbeerblätter, 125 g Makkaroni, Salz,
60 g Butter, 80 g Mehl, 250 g Sahne,
15 g geriebener Parmesan und etwas
Parmesan zum Bestreuen, 1–2 Eigelb

1. Fisch säubern und waschen. Sellerie und Petersilienwurzel putzen, schälen, waschen und klein schneiden. Zwiebel schälen und fein hacken. Gemüse und Zwiebel in einen Topf geben, Gewürz-, Pfefferkörner und Lorbeerblätter zufügen. Ca. 1 Liter Wasser zugießen und aufkochen lassen. Temperatur verringern, Hecht zugeben und ca. 15–20 Minuten gar ziehen lassen. Hecht herausnehmen und zerpflücken (eventuell noch vorhandene Gräten entfernen). Fischbrühe passieren.
2. Makkaroni in ausreichend Salzwasser bissfest kochen. Aus Butter und Mehl eine Mehlschwitze herstellen und unter Rühren ca. 750 Milliliter Fischbrühe und Sahne zugießen. Aufkochen lassen und durch ein Sieb gießen. Soße mit Salz und geriebenem Parmesan abschmecken. Fisch und Makkaroni zugeben und kurz aufkochen lassen. Eigelb mit etwas Wasser verrühren. Topf vom Herd nehmen und Eigelb unterrühren. Pflückhecht mit Makkaroni nach Belieben mit etwas Parmesan bestreut servieren.

Pro Portion: **ca. 835 kcal • 77 g EW • 39 g F • 42 g KH**

Knusprige Apfelfladen

Zubereitungszeit ca. 25 Min.

Zutaten für ca. 20 Stück
4 Äpfel, 3 EL Zucker,
250 g Mehl, 4 Eier,
250 ml Milch, 1 Prise Salz,
100 ml Öl, etwas Zimtpulver

1. Äpfel schälen, Kerngehäuse entfernen und in ca. ½ Zentimeter dicke Scheiben schneiden. Apfelscheiben mit 1 Esslöffel Zucker bestreuen. Mehl in eine Schüssel sieben und mit Eiern, Milch und 1 Prise Salz zu einem glatten, zähflüssigen Teig vermischen.
2. Öl in einer Pfanne erhitzen. Apfelscheiben in den Teig tauchen und im heißen Öl goldbraun ausbacken. Herausnehmen und abtropfen lassen. Apfelfladen mit restlichem Zucker und Zimt bestreut servieren.

Der Obstanbau hatte in Ostpreußen eine weniger große Bedeutung. Dies lag vor allem an den harten Wintern und daraus resultierenden starken Frostschäden, die viele Obstbäume nicht überlebten. Trotzdem wurden winterharte Sorten von Äpfeln, Birnen, Kirschen und Pflaumen kultiviert, um die Bevölkerung mit Obst zu versorgen.

Pro Stück: ca. 129 kcal • 3 g EW • 6 g F • 16 g KH

Rhabarber-grütze

Zubereitungszeit ca. 30 Min. + ca. 30 Min. Ruhezeit

Zutaten für 4 Portionen

500 g Rhabarber,
150 g Zucker,
2 EL Zitronensaft,
100 ml Weißwein,
1 Zimtstange

1. Rhabarber waschen, dünn schälen und Stielenden abschneiden. Stangen in mundgerechte Stücke schneiden. Rhabarberstücke in eine Schüssel geben und mit Zucker bestreuen. Ca. 30 Minuten ruhen lassen.
2. Schüsselinhalt in einen Topf geben und mit Zitronensaft beträufeln. Wein zugießen und Zimtstange zugeben. Alles ca. 15 Minuten kochen. Zimtstange entfernen. Rhabarbergrütze etwas abkühlen lassen und warm servieren. Nach Belieben Vanillesoße dazu reichen.

Pro Portion: **ca. 192 kcal • 1 g EW • 0 g F • 40 g KH**

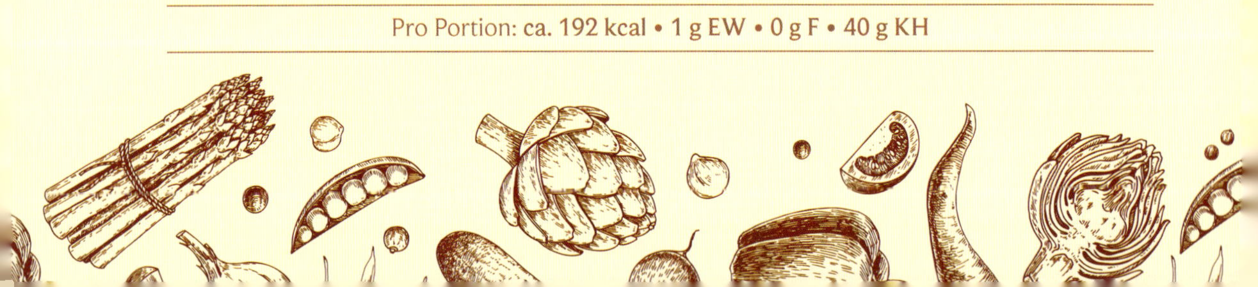

Zitronenschaum-speise

Zubereitungszeit ca. 30 Min.

Zutaten für 8 Portionen
9 g weiße Gelatine,
5 kalte Eier, 150 g Zucker,
abgeriebene Schale und Saft von
2 unbehandelten Zitronen,
1 Prise Salz

1. Gelatine nach Packungsanweisung in kaltem Wasser einweichen. Eier trennen. Gelatine ausdrücken, in einen kleinen Topf geben und mit etwas Wasser und 2 Esslöffeln Zucker auflösen (nicht kochen!). Etwas abkühlen lassen.
2. Eigelbe mit 100 Gramm Zucker, Zitronensaft und -schale über einem Wasserbad zu einer cremigen Masse schlagen. Etwas abgekühlte Gelatinemischung unterschlagen. Unter mehrmaligem Rühren abkühlen lassen.
3. Eiweiße mit restlichem Zucker und 1 Prise Salz steif schlagen. Sobald die Gelatinemischung zu gelieren beginnt, Eischnee nach und nach unterheben. Zitronenschaumspeise in Glasschälchen füllen und kalt stellen.

Pro Portion: **ca. 126 kcal • 5 g EW • 3 g F • 19 g KH**

Traditionelle Raderkuchen

Zubereitungszeit ca. 30 Min. + ca. 30 Min. Kühlzeit

Zutaten für 4 Portionen

500 g Mehl und etwas Mehl für die Arbeitsfläche,
6 Eigelb, 4 EL Butter, 4 EL Zucker,
4 EL Milch, etwas Zitronensaft,
Fett zum Ausbacken,
Puderzucker zum Bestäuben

1. Mehl in eine Schüssel sieben und mit Eigelben, Butter, Zucker, Milch und etwas Zitronensaft zu einem festen Teig verkneten. Teig auf einer bemehlten Arbeitsfläche ausrollen, übereinanderschlagen und ca. 30 Minuten kühl stellen.
2. Teig auf einer bemehlten Arbeitsfläche ausrollen und in ca. 3 Zentimeter breite und 8 Zentimeter lange Streifen schneiden. In der Mitte der Streifen einmal längs schneiden und die Hälfte des Streifens hindurchziehen.
3. Fett in einer Pfanne erhitzen und Raderkuchen darin portionsweise goldgelb ausbacken. Mit einem Schaumlöffel herausnehmen und abtropfen lassen. Mit Puderzucker bestäubt servieren.

Pro Portion: **ca. 944 kcal • 19 g EW • 39 g F • 127 g KH**

Schaltenoßes
(Kalte Nasen)

Zubereitungszeit ca. 45 Min. + ca. 30 Min. Ruhezeit

Zutaten für 4 Portionen

500 g Mehl und etwas Mehl für die Arbeitsfläche,
1 Würfel Hefe, 100 g Margarine,
4 Eier, 3 EL Zucker, 2 Prisen Salz,
500 g Quark, 1 Spritzer Zitronensaft,
Butter, Zucker-Zimt-Mischung

1. Aus Mehl, Hefe, Margarine, 2 Eiern, 1 Esslöffel Zucker und 1 Prise Salz einen Hefeteig zubereiten. Teig abgedeckt an einem warmen Ort ca. 30 Minuten ruhen lassen. Teig auf eine bemehlte Arbeitsfläche legen und kurz durchkneten. Dünn ausrollen und in möglichst gleichmäßige, ca. 12 Zentimeter große Quadrate schneiden.
2. Für die Füllung restliche Eier trennen. Eigelbe in eine Schüssel geben und mit Quark, restlichem Zucker, 1 Prise Salz und 1 Spritzer Zitronensaft vermischen. Jeweils 1 Esslöffel Füllung auf 1 Teigquadrat geben. Teigränder mit Eiweiß bestreichen und Quadrate zu einem Päckchen zusammenfalten. Ränder gut festdrücken.
3. Wasser in einem Topf zum Kochen bringen, Quarktaschen vorsichtig hineingeben und ca. 15 Minuten bei geringer Hitze köcheln lassen. Butter in einem kleinen Topf leicht anbräunen. Schaltenoßes mit einem Schaumlöffel herausnehmen, abtropfen lassen und anrichten. Mit brauner Butter übergießen und mit Zucker-Zimt-Mischung bestreuen. Warm servieren.

Pro Portion: **ca. 1072 kcal • 36 g EW • 51 g F • 119 g KH**

Königsberger Marzipan

Zubereitungszeit ca. 2 Std. und 30 Min.

Zutaten für 6 Portionen
500 g süße Mandeln, 5 bittere Mandeln,
500 g Puderzucker, ca. 50 ml Rosenwasser,
Zuckerguss, Zitronat, Orangeat,
kandierte Kirschen zum Verzieren

1. Einen Topf mit Wasser zum Kochen bringen, Mandeln zugeben und kurz kochen lassen. Über einem Sieb abgießen, mit kaltem Wasser übergießen und häuten. Abkühlen lassen. Mandeln mit Puderzucker 2–3 Mal durch die Mandelmühle drehen. Masse mit etwas Rosenwasser verkneten. Backofen auf höchste Stufe (Grillstufe) vorheizen.
2. Marzipan ausrollen und formen. Erhöhte Ränder mit einem Messer einkerben. Marzipanformen sehr dicht aneinander auf ein dickes Holzbrett legen und unter dem vorgeheizten Grill hellbraun flämmen. Ränder mit Rosenwasser bepinseln. Marzipanformen kühl stellen.
3. Königsberger Marzipan nach Belieben verzieren. In Blechdosen aufbewahren (Pergament dazwischenschichten).

Pro Portion: ca. 925 kcal • 20 g EW • 45 g F • 105 g KH

Grießpudding mit Früchten

Zubereitungszeit ca. 2 Std.

Zutaten für 4 Portionen

500 ml Milch, 6 EL Zucker, 1 Prise Salz,
125 g Weichweizengrieß, 3 Eier,
50 g Butter und etwas Butter für die Form,
abgeriebene Schale von ½ unbehandelten Zitrone,
50 g Mandeln, Paniermehl,
500 g Früchte (z. B. Kirschen,
Erdbeeren, Himbeeren)

1. Milch in einen Topf geben und mit 3 Esslöffeln Zucker und 1 Prise Salz zum Kochen bringen. Unter Rühren Grieß zufügen und bei geringer Hitze ca. 15 Minuten quellen lassen. Eier trennen. Butter mit Eigelben und abgeriebener Zitronenschale unter den Grieß heben. Eiweiße steif schlagen und unterheben. Mandeln untermischen.
2. Puddingform mit Butter ausstreichen und mit Paniermehl ausstreuen. Grieß einfüllen. Form in ein Wasserbad stellen und ca. 1 ½ Stunden köcheln lassen. Früchte waschen, putzen und mit restlichem Zucker in einem Topf erwärmen. Grießpudding stürzen und mit Früchten servieren.

Pro Portion: **ca. 573 kcal • 17 g EW • 30 g F • 57 g KH**

Adlige Großgrundbesitzer

Die Wirtschaft Ostpreußens war sehr stark von der Landwirtschaft geprägt. Weite Landstriche wurden vor allem von den einflussreichen Gutshöfen verschiedenster deutscher Adelsfamilien bewirtschaftet. Zu ihnen zählten unter anderem das sächsische Geschlecht der Dohna, die ostpreußischen Grafen von Finckenstein und die westfälischen Grafen Dönhoff.

Quarkplinsen mit Rosinen

Zubereitungszeit ca. 25 Min.

Zutaten für 3 Portionen
80 g Butter, 40 g Zucker,
abgeriebene Schale von ½ unbehandelten Zitrone,
3 Eier, 500 g Quark, 150 g Mehl,
1 Schuss Mineralwasser, 125 g Rosinen,
Fett zum Ausbacken

1. Butter in eine Schüssel geben und mit Zucker und abgeriebener Zitronenschale schaumig schlagen. Eier nach und nach zugeben und unterrühren. Quark, Mehl und Mineralwasser zugeben und alles gut verrühren. Rosinen unterheben.
2. Fett in einer Pfanne erhitzen und jeweils ca. 2 Esslöffel Teig hineingeben. Plinsen goldbraun backen. Quarkplinsen nach Belieben mit Heidelbeersoße, Kompott oder Obstsalat servieren.

Plinsen, auch unter dem Namen Blinsen oder auch Flinsen bekannt, waren die ostpreußische Variante des Pfannkuchens oder Eierkuchens. Die klassischste Zubereitungsart waren die Quarkplinsen, die gerne mit reichlich Rosinen hergestellt wurden.

Pro Portion: **ca. 1003 kcal • 31 g EW • 62 g F • 84 g KH**

Gründonnerstags-kringel

Zubereitungszeit ca. 1 Std. + ca. 1 Std. und 30 Min. Ruhezeit

Zutaten für 6 Portionen

500 g Mehl und etwas Mehl für die Arbeitsplatte, 1 Würfel Hefe, 250 ml lauwarme Milch, 125 g Zucker, 4 Eier, 1 Prise Salz, abgeriebene Schale von 1 unbehandelten Zitrone, 250 g kalte Butter, 125 g gemahlene Mandeln, 10 g bittere gemahlene Mandeln, 250 g Sultaninen, 125 g gehobelte Mandeln

1. Mehl in eine Schüssel sieben und in die Mitte eine Mulde drücken. Hefe zerbröckeln und in ca. 125 Milliliter lauwarmer Milch verrühren. 1 Prise Zucker zugeben und verrühren. Hefemilch in die Mulde gießen, etwas Mehl darübergeben und zugedeckt an einem warmen Ort ca. 30 Minuten gehen lassen.
2. 3 Eier, restliche lauwarme Milch, restlicher Zucker, 1 Prise Salz und abgeriebene Zitronenschale zugeben und alles zu einem festen Teig verkneten. Zugedeckt 1 Stunde gehen lassen. Teig auf eine bemehlte Arbeitsfläche legen, kurz durchkneten und ausrollen. Butter in Stücke schneiden. Teig mit Butterstücken belegen, überschlagen und nochmals ausrollen. Vorgang zweimal wiederholen.
3. Backofen auf 170 °C (Umluft: 150 °C) vorheizen. Backblech mit Backpapier auslegen. Ausgerollten Teig in ca. 50 Zentimeter lange und ca. 4 Zentimeter breite Streifen schneiden. Mit gemahlenen Mandeln und Sultaninen bestreuen. Rollen in sich drehen und Ränder verschließen. Aus den Teigrollen Kringel formen.
4. Kringel auf Backpapier legen. Restliches Ei verschlagen, Kringel damit bestreichen und mit gehobelten Mandeln bestreuen. Im vorgeheizten Backofen ca. 25–30 Minuten goldbraun backen.

Pro Portion: **ca. 894 kcal • 21 g EW • 51 g F • 85 g KH**

Weihnachtliche Anisplätzchen

Zubereitungszeit ca. 45 Min. + ca. 12 Std. Ruhezeit

Zutaten für ca. 40 Stück

200 g Puderzucker,
2 Eier, 1 TL Sahnesteif,
2 TL gemahlener Anis, 175 g Mehl und
etwas Mehl für das Backblech,
Butter für das Backblech

1. Puderzucker in eine Schüssel sieben. Eier zugeben und mit dem Handrührgerät auf höchster Stufe cremig aufschlagen. Sahnesteif und Anis unterrühren. Die Hälfte des Mehls darübersieben und vorsichtig unterheben. Restliches Mehl darübersieben und ebenfalls unterheben.
2. Backblech mit Butter ausstreichen und etwas Mehl darübersieben. Anismasse in einen Spritzbeutel mit Lochtülle füllen und kleine Tupfer auf das Backblech setzen. Anisteig ca. 12 Stunden bei Raumtemperatur trocknen lassen.
3. Backofen auf 150 °C (Umluft: 130 °C) vorheizen. Anisplätzchen im vorgeheizten Backofen ca. 12 Minuten backen.

Pro Stück: **ca. 45 kcal • 1 g EW • 1 g F • 9 g KH**

Ermländer Glumstorte

Zubereitungszeit ca. 1 Std. und 20 Min. + ca. 1 Tag Ruhezeit

Zutaten für 1 Springform

1 kg Magerquark, 200 g Butter, 5 Eigelb,
300 g Zucker, 6 EL Weichweizengrieß,
1 Pck. Backpulver, Saft und abgeriebene Schale
von 1 unbehandelten Zitrone,
Puderzucker zum Bestäuben

1. Quark über einem Sieb ca. 1 Tag abtropfen lassen. Butter in eine Schüssel geben und glatt rühren. Eigelbe und Zucker nach und nach zugeben. Alles schaumig rühren. Backofen auf 175 °C (Umluft: 155 °C) vorheizen. Springform mit Backpapier auslegen.
2. Grieß und Backpulver mischen und unter die schaumig geschlagene Buttermischung rühren. Abgetropften Quark löffelweise zugeben und unterrühren. Zitronensaft und -schale zugeben und untermischen. Alles gut verrühren.
3. Quarkmasse in die Springform füllen und glatt streichen. Im vorgeheizten Backofen ca. 1 Stunde backen. Abkühlen lassen und mit Puderzucker bestäuben.

Pro Torte: **ca. 4038 kcal • 138 g EW • 201 g F • 424 g KH**

Mohnstriezel Memelländer Art

Zubereitungszeit ca. 1 Std. + ca. 2 Std. Ruhezeit

Zutaten für 1 Striezel

80 g Butter, 500 g Mehl und etwas Mehl für die Arbeitsfläche, 200 g Zucker, 1 TL Salz, abgeriebene Schale von ½ unbehandelten Zitrone, 7 g Trockenhefe, 250 ml Milch, 3 Eier, 250 g fein gemahlener Mohn, etwas Zimt, 1 EL Rum, 100 g grob gehackte Mandeln, 1 Pck. grob gehacktes Zitronat, 50 g Rosinen, 100 g Puderzucker

1. Butter in einem kleinen Topf schmelzen. Mehl in eine Schüssel sieben und mit 100 Gramm Zucker, Salz und abgeriebener Zitronenschale vermischen. Hefe unterrühren. 125 Milliliter Milch, geschmolzene Butter und 1 Ei zugeben und alles zu einem glatten Teig verkneten. Teig zugedeckt an einem warmen Ort mindestens 2 Stunden gehen lassen.
2. Für die Füllung restliche Milch in einem Topf aufkochen. Mohn in eine Schüssel geben, Milch darübergießen und abkühlen lassen. Restlichen Zucker, restliche Eier, Zimt, Rum, Mandeln, Zitronat und Rosinen unterheben. Backofen auf 175 °C (Umluft: 155 °C) vorheizen. Backblech mit Backpapier auslegen.
3. Teig auf eine bemehlte Arbeitsfläche legen und kurz durchkneten. Ausrollen und Füllung darauf verstreichen (Rand von ca. 2 Zentimeter frei lassen). Ränder umklappen und Teig von vorne und hinten bis zur Mitte aufrollen und überschlagen. Mohnstriezel im vorgeheizten Backofen ca. 45 Minuten goldbraun backen. Abkühlen lassen. Puderzucker mit 2 Esslöffeln warmem Wasser verrühren und Mohnstriezel damit bestreichen.

Pro Striezel: **ca. 6269 kcal • 151 g EW • 242 g F • 847 g KH**

Samländer Markstörtchen

Zubereitungszeit ca. 1 Std. + ca. 30 Min. Kühlzeit

Zutaten für 4 Portionen

150 g zimmerwarme Butter und etwas Butter für die Formen, 250 g Mehl und etwas Mehl für die Arbeitsfläche, 4 Eier, 375 g Zucker, 1 Prise Salz, 1 EL Rum, 150 g süße Mandeln, 4 bittere Mandeln, 125 g Marmelade (z. B. Erdbeer- oder Himbeermarmelade)

1. Butter in eine Schüssel geben und schaumig rühren. Mehl darübersieben, 2 Eier, 125 Gramm Zucker, 1 Prise Salz und Rum zufügen und alles gut verkneten. Zugedeckt ca. 30 Minuten kalt stellen.
2. Einen Topf mit Wasser zum Kochen bringen, Mandeln zugeben und kurz kochen lassen. Über einem Sieb abgießen, mit kaltem Wasser übergießen, häuten und reiben. Mit restlichem Zucker und 1 Teelöffel Wasser vermischen. Restliche Eier trennen (Eigelbe anderweitig verwenden), Eiweiße steif schlagen und unter die Mandelmasse heben. Backofen auf 160 °C (Umluft: 140 °C) vorheizen. Makronenförmchen/Muffinförmchen mit Butter ausstreichen.
3. Teig auf einer bemehlten Arbeitsfläche dünn ausrollen und Förmchen damit auslegen. Etwas Teig für die Dekoration beiseitestellen. Teig in den Förmchen dünn mit Marmelade bestreichen und Mandelfüllung daraufgeben. Die Förmchen zu drei Vierteln befüllen. Beiseitegestellten Teig in schmale Streifen schneiden und jeweils 2 Streifen über Kreuz auf die Füllung legen. Markstörtchen im vorgeheizten Backofen ca. 35 Minuten goldgelb backen. Herausnehmen und aus den Förmchen lösen. Auf einem Kuchenrost erkalten lassen.

Pro Portion: **ca. 1319 kcal • 22 g EW • 63 g F • 164 g KH**

Schnelle Kartoffelmehlnüsse

Zubereitungszeit ca. 30 Min.

Zutaten für 6 Portionen
500 g Kartoffelmehl, 250 g Mehl,
375 g Zucker, 1 Pck. Vanillezucker,
1 Pck. Backpulver, 3 Eier,
100 g Schmalz, 100 g Margarine

1. Backofen auf 180 °C (Umluft: 160 °C) vorheizen. Backblech mit Backpapier auslegen. Kartoffelmehl und Mehl in eine Schüssel geben und mit Zucker, Vanillezucker, Backpulver, Eiern, Schmalz und Margarine zu einem Teig verkneten.
2. Mithilfe eines Teelöffels kleine Häufchen auf das Backpapier setzen und Kartoffelmehlnüsse im vorgeheizten Backofen ca. 10–15 Minuten backen.

Kartoffelmehl ist im Handel meist als Speisestärke erhältlich. Wer Kartoffelmehl bzw. Kartoffelstärke wie zu früheren Zeiten selbst herstellen möchte, geht wie folgt vor: Kartoffeln fein reiben und mit Wasser bedecken. Anschließend Kartoffeln auspressen und zu Reibekuchen oder Klößen weiterverarbeiten. Den „Kartoffelsaft“ eine Weile ruhen lassen und warten bis sich die Stärke am Boden absetzt. Flüssigkeit abschöpfen, Stärke auf einem Backblech ausbreiten und trocknen lassen.

Pro Portion: **ca. 980 kcal • 8 g EW • 33 g F • 165 g KH**

Krümeltorte mit Kirschmarmelade

Zubereitungszeit ca. 45 Min.

Zutaten für 1 Springform (24 cm Durchmesser)
250 g Butter und etwas
Butter für die Form,
2 Eier, 250 g Zucker,
500 g Mehl, 1 Pck. Backpulver,
1 Prise Salz, 10 ml Mandellikör,
3 Tropfen Bittermandelöl,
350 g Kirschmarmelade

1. Backofen auf 175 °C (Umluft: 155 °C) vorheizen. Springform mit Butter ausstreichen. Butter in eine Schüssel geben und schaumig rühren. Eier trennen. Eigelbe und Zucker zur Buttermasse geben. Mehl und Backpulver mischen und unterrühren. 1 Prise Salz, Mandellikör und Bittermandelöl einrühren. Eiweiße steif schlagen und unterheben. Teig so lange rühren, bis er krümelig ist.
2. Die Hälfte des Teigs in die Springform geben und Marmelade daraufstreichen. Restlichen Teig darauf verteilen. Krümeltorte im vorgeheizten Backofen ca. 30 Minuten backen.

Pro Torte: **ca. 5902 kcal • 65 g EW • 248 g F • 836 g KH**

Anhalter-kuchen

Zubereitungszeit ca. 45 Min.

Zutaten für 1 Backblech
10 Eier, 500 g Butter und etwas Butter für das Backblech, 530 g Zucker, abgeriebene Schale von 1 unbehandelten Zitrone, 1 Pck. Vanillezucker, 250 g Mehl, 250 g Speisestärke, 1 Pck. Backpulver, 1 Pck. gehobelte Mandeln

1. Backofen auf 190 °C (Umluft: 170 °C) vorheizen. Eier trennen. Butter in eine Schüssel geben und mit 500 Gramm Zucker, Eigelben, abgeriebener Zitronenschale und Vanillezucker schaumig rühren. Mehl, Speisestärke und Backpulver mischen und unterrühren. Eiweiße steif schlagen und Eischnee vorsichtig unterheben.
2. Backblech mit Butter ausstreichen. Teig darauf verstreichen. Gehobelte Mandeln daraufgeben und restlichen Zucker daraufstreuen. Anhalterkuchen im vorgeheizten Backofen ca. 20–30 Minuten backen.

Pro Kuchen: **ca. 8988 kcal • 113 g EW • 523 g F • 954 g KH**

Festlicher Honigkuchen

Zubereitungszeit ca. 1 Stunde und 30 Min.

Zutaten für 1 Backblech
*200 g Zucker, 4 Eier, 400 g Mehl, 120 g Kartoffelmehl,
1 TL Backpulver, 80 g Schweineschmalz, 400 g Honig, 80 ml Öl,
150 g gemahlene Mandeln, 1 TL Lebkuchengewürz,
etwas abgeriebene Schale von 1 unbehandelten Zitrone,
50 g Mandeln, 50 g Haselnüsse,
Puderzucker zum Bestäuben*

1. Backofen auf 150 °C (Umluft: 130 °C) vorheizen. Backblech mit Backpapier auslegen. Zucker in eine Schüssel geben und mit 2 Eiern schaumig rühren. 200 Gramm Mehl unterrühren. Restliches Mehl mit Kartoffelmehl und Backpulver vermischen.
2. Schmalz und Honig in einen Topf geben und erhitzen. Abkühlen lassen. Mit Öl in die Zucker-Eimasse rühren. Restliches Mehlgemisch, gemahlene Mandeln, Lebkuchengewürz und abgeriebene Zitronenschale zugeben und unterrühren.
3. Teig auf das Backpapier streichen. Restliche Eier trennen (Eiweiße anderweitig verwenden). Eigelbe verschlagen und Teig damit bestreichen. Mandeln und Haselnüsse in Abständen darauf verteilen. Honigkuchen im vorgeheizten Backofen ca. 1 Stunde backen. Abkühlen lassen und mit Puderzucker bestäuben.

Pro Kuchen: **ca. 7241 kcal • 122 g EW • 313 g F • 958 g KH**

Bildnachweis

Fotolia: 91 kitty; Shutterstock: 3 Mi. li. Mariusz Switulski, 3 o. re. Dmitrii Ivanov, 3 u. re. Belikart, 3 u. li. Agnes Kantaruk, 3 o. li. MariaKovaleva, 3 Mi. re. hlphoto, 6 Cameris, 9 re. David Fuentes Prieto, 9 li. malajka, 12 Victorian Traditions, 15 Elzbieta Sekowska, 16 Tibesty, 17 LiliGraphie, 19 Mi. Irina Borsuchenko, 19 groß Belikart, 20 Bernd Juergens, 23 BBA Photography, 25 o. li. Bartosz Luczak, 25 u. re. Tanya Sid, 25 u. li. Gavran333, 25 o. re. nasajob, 27 Beauty photographer, 29 u. li. AnjelikaGr, 29 o. re. Malivan_Iuliia, 29 o. li. Tomas Florian, 29 u. re. Dar1930, 33 stockfoto, 35 groß Dmitrii Ivanov, 37 u. li. mllevphoto, 37 o. re. Gayvoronskaya_Yana, 37 o. li. denio109, 37 u. re. Mariontxa, 39 Simone Andress, 41 Brent Hofacker, 43 u. li. Olga Miltsova, 43 o. re. hobitnjak, 43 o. li. Alfa Photostudio, 4 u. re.3 photo-oasis, 45 Bernd Juergens, 49 u. re. meaofoto, 49 o. re. Iryna Melnyk, 49 o. li. Oksana Mizina, 49 u. li. HandmadePictures, 51 HandmadePictures, 53 MariaKovaleva, 55 u. re. olepeshkina, 55 o. re. CCat82, 55 o. li. StockphotoVideo, 55 u. li. beats1, 56 Liliya Kandrashevich, 59 MariaKovaleva, 61 MaraZe, 65 CGissemann, 67 u. li. HandmadePictures, 67 o. re. Samsamproductions, 67 o. li. Sea Wave, 67 u. re. ffolas, 69 Dar1930, 71 u. re. KucherAV, 71 u. li. ShootFood, 71 o. li. stockcreations, 71 o. re. A_Lein, 73 MariaKovaleva, 75 groß JuliusKielaitis, 77 u. li. aliasemma, 77 o. re. almaje, 77 o. li. Bolyuk Rostyslav, 77 u. re. margouillat photo, 79 Liliya Kandrashevich, 81 u. re. Joerg Beuge, 81 o. re. Alex James Bramwell, 81 o. li. Anna Hoychuk, 81 u. li. Stepanek Photography, 83 Christian-Fischer, 87 Alexey Borodin, 89 u. li. Anna Shepulova, 89 o. re. kikovic, 89 o. li. Gorbenko Olena, 89 u. re. Martin Turzak, 92 Bernd Juergens, 95 Olexiy Bayev, 97 larik_malasha, 99 o. re. gowithstock, 99 o. li. Kasabutskaya Nataliya, 99 u. GSDesign, 101 stockcreations, 103 Bernd Juergen, 107 hlphoto, 109 u. li. Juliette Mages, 109 o. re. Sea Wave, 109 o. li. AS Food studio, 109 u. re. Gouache7, 111 groß AlesiaKan, 113 u. re. gresei, 113 o. re. Arkadiusz Fajer, 113 o. li. barmalini, 113 u. li. Hong muen Jing, 115 Ehrman Photographic, 119 Stepanek Photography, 121 u. li. Bartosz Luczak, 121 o. re. Gamzova Olga, 121 o. li. HandmadePictures, 121 u. re. jreika, 122 Dar1930, 125 Bildagentur Zoonar GmbH, 127 Siim79, 129 Ildi Papp, 131 AlenaKogotkova, 133 Dar1930, 137 o. re. Clare Louise Jackson, 137 o. li. Shebeko, 137 u. StockphotoVideo, 139 groß Mariusz Switulski, 141 Elena M. Tarasova, 143 Evgenialevi, 145 CGissemann, 147 NoirChocolate, 149 Agnes Kantaruk, 153 zoryanchik, 155 Bjoern Wylezich, 157 u. li. tarapong srichaiyos, 157 o. re. Volosina, 157 o. li. Olga Malysheva, 157 u. re. Iakov Filimonov, Schmuckabbildung Epine; Wikicommons: 5 Paul Langhans, Gotha: Perthes, 1907, 10Daube, 13 Zil, 19 u. homo mundi, 19 o. Herausgeber: Landsmannschaft Ostpreußen e.V., 35 u. Unknown, 35 Mi. A.Savin, Wikimedia Commons, 35 o. Unknown, 74 Mi. unbekannt (Sammlung Peter Joost, Göttingen), 74 u. Unknown, 74 o. Jcornelius, 111 u. Unknown, 111 o. Unknown, 111 Mi. Unknown, 139 u. British Library, 139 Mi.W. Pahn, 139 o. Fritz Hummel; Cover: großes Bild: twinbooks, li. BBA Photography/Shutterstock, Mi. GSDesign/Shutterstock, re. MariaKovaleva/Shutterstock

Impressum

Genehmigte Sonderausgabe für Weltbild GmbH & Co. KG, Werner-von-Siemens-Str. 1, 86159 Augsburg

www.vivo-buch.de

ISBN 978-3-8289-2902-9

Komplettproducing: twinbooks, München
Text und Lektorat: Jana Lösch, Eva Hutter, Melanie Goldmann für twinbooks, München